Hospitalidade e experiências em serviços

Hospitalidade e experiências em serviços

Alan Aparecido Guizi

Rua Clara Vendramin, 58 . Mossunguê
CEP 81200-170 . Curitiba . PR . Brasil
Fone: (41) 2106-4170
www.intersaberes.com
editora@intersaberes.com

Conselho editorial	Dr. Alexandre Coutinho Pagliarini
	Drª. Elena Godoy
	Dr. Neri dos Santos
	Dr. Ulf Gregor Baranow
Editora-chefe	Lindsay Azambuja
Gerente editorial	Ariadne Nunes Wenger
Assistente editorial	Daniela Viroli Pereira Pinto
Preparação de originais	Giovani Silveira Duarte
Edição de texto	Caroline Rabelo Gomes	Millefoglie Serviços de Edição
Projeto gráfico	Sílvio Gabriel Spannenberg
Capa	Charles L. da Silva (design)	Monkey Business Images/Shutterstock (imagem
Diagramação	Kelly Hübbe
Iconografia	Maria Elisa Sonda	Regina Claudia Cruz Prestes

Dados Internacionais de Catalogação na Publicação (CIP)
(Câmara Brasileira do Livro, SP, Brasil)

Guizi, Alan Aparecido
    Hospitalidade e experiências em serviços/Alan Aparecido
Guizi. Curitiba: InterSaberes, 2022.

    Bibliografia.
    ISBN 978-65-5517-233-1

    1. Consumidores – Comportamento 2. Cultura organizacional
3. Hospitalidade 4. Hotéis – Administração 5. Organizações
6. Serviços 7. Serviços – Marketing I. Título.

22-104349   CDD-338.4791

Índices para catálogo sistemático:
1. Hospitalidade em serviços   338.4791

Cibele Maria Dias – Bibliotecária – CRB-8/9427

1ª edição, 2022.
Foi feito o depósito legal.
Informamos que é de inteira responsabilidade do autor a emissão de conceitos.
Nenhuma parte desta publicação poderá ser reproduzida por qualquer meio ou forma sem a prévia autorização da Editora InterSaberes.
A violação dos direitos autorais é crime estabelecido na Lei n. 9.610/1998 e punido pelo art. 184 do Código Penal.

7   Apresentação

13 **Serviços e hospitalidade**
17 1.1 Serviços: conceitos e contextos
20 1.2 Concepção e pacote de serviços
24 1.3 Conceito de hospitalidade
30 1.4 Qualidade em serviços e hospitalidade
34 1.5 Análise de casos, reflexões e considerações finais

39 **Hospitalidade em domínios social e privado**
43 2.1 Do externo para o interno: a empresa aprendendo com a comunidade
46 2.2 Hospitalidade e identidade organizacional
48 2.3 Costumes da hospitalidade: cultura e valores organizacionais
52 2.4 Anfitrião: características e qualidades da pessoa hospitaleira
54 2.5 Construção de espaços e momentos de hospitalidade
61 2.6 Análise de casos, reflexões e considerações finais

69 **Experiências em hospitalidade no domínio comercial**
73 3.1 Características de hospitalidade na entrega de serviços
76 3.2 Hospitalidade em domínio comercial com vistas à vantagem competitiva
92 3.3 Análise de casos, reflexões e considerações finais

99 **Economia de experiências em serviços e hospitalidade**
104 4.1 Novo consumidor e suas expectativas sobre serviços
106 4.2 Criação de experiências
110 4.3 Economia de experiências: um novo passo para a vantagem competitiva?
112 4.4 Hospitalidade na economia de experiências
115 4.5 Análise de casos, reflexões e considerações finais

123 ***Marketing* de experiências e comportamento do consumidor**
129 5.1 Delimitação de público e comunicação: segmentação e comportamento do consumidor
133 5.2 *Storytelling*
136 5.3 *Neuromarketing* e relações com *marketing* sensorial
144 5.4 *Marketing* de relacionamento
147 5.5 *Marketing* e plataformas digitais
151 5.6 Análise de casos, reflexões e considerações finais

157 **Tendências em hospitalidade e experiências em serviços**
161 6.1 Experiências presenciais
163 6.2 Experiências *on-line*
169 6.3 Experiências híbridas
172 6.4 Síntese e reflexões

175 Considerações finais
179 Referências
195 Sobre o autor

Apresentação

Dedicamos este livro àqueles que refletem sobre como transformar um serviço comum para um cliente em um momento aprazível, que ficará marcado por toda a vida desse sujeito. Também o destinamos àqueles que sentem prazer em servir e em serem lembrados de forma positiva e agradável, por terem oferecido um serviço que superou expectativas, gerando a sensação do "querer mais".

Aqui, apresentamos conceitos que não se esgotam nestas páginas, pois devem ser objeto de novos olhares e estudos, novas interpretações, novos métodos de entregar serviços e experiências. Tais conceitos têm sido, crescentemente, alvo de processos criativos e inovadores de abertura de empresas, já que permitem a inovação de diversas formas, com o objetivo de encantar o consumidor, o cliente, o hóspede, o turista, o visitante etc.

Discutir ou refletir sobre tal temática, naturalmente, desperta diversos questionamentos sobre como cada um de nós gostaria de receber os serviços corriqueiros, iniciando por nós mesmos o processo criativo de concepção de serviços e relacionamentos. Além disso, nossa reflexão se presta a trazer à tona a possibilidade de novos métodos de entrega de serviços, levando em conta os diversos canais de interação com o cliente, os quais serão explicitados em diversos pontos deste livro.

Nesse sentido, desejamos clarificar os conceitos atinentes ao tema da hospitalidade. Nesse ponto, vale assinalar que o termo *serviço* deriva de *servir*, o que nessa área é compreendido como entregar o melhor ao outro, envolvendo a noção de acolhimento e recepção, articulando segurança, alimentação e entretenimento. Nesse ato de servir, potencialmente, constroem-se laços de amizade; portanto, servir com hospitalidade tem sido visto como uma vantagem competitiva em diversas empresas do setor de serviços.

Soma-se a esse fato a busca constante dos consumidores por um atendimento ou uma atenção mais humanizada e mais personalidade segundo necessidades particulares. Essa mentalidade deve guiar as empresas que demonstram interesse naquilo que o cliente busca: este deve ser visto como uma pessoa com sentimentos e desejos, e não como mero número ou fonte de lucro. Com isso, o objetivo se expande do atendimento das necessidades de compra para uma demanda emocional de ser bem-recebido e acolhido.

Em um contexto em que o mercado evolui em consonância com as necessidades dos consumidores, o serviço de qualidade não é suficiente para garantir vantagem em relação aos concorrentes. Agora, a busca por experiências diferenciadas é um fator agregador na concepção de qualidade em serviço sob o ponto de vista do comprador, agregando-se, nesse sentido, métodos ou características que vão além daquilo que foi criado.

Por essa razão, nesta obra, debruçamo-nos sobre o tema da hospitalidade e da experiência em serviços. Tais práticas representam vantagens competitivas por agregarem características que comunicam a ideia de serviço implícito – voltado às emoções, ao calor humano, na oferta de divertimento e relaxamento ao consumidor.

Para discorrermos sobre tal assunto, dividimos este material em seis capítulos. A seguir detalhamos como hierarquizamos os temas de estudo aqui arrolados.

No Capítulo 1, abordamos características conceituais sobre serviços e estabelecemos as primeiras relações entre estes e a hospitalidade, por meio de exemplos e de reflexões acerca das práticas de mercado atinentes.

No Capítulo 2, analisamos o termo *hospitalidade*, refletindo sobre seu uso cotidiano; sua aplicação dentro das organizações; o contato no dia a dia entre colaboradores; e a criação de espaços de hospitalidade dentro da empresa. Tais embasamentos são úteis para a discussão empreendida no Capítulo 3, em que debatemos como essa hospitalidade deve ser transmitida para o cliente.

Versamos sobre o conceito de *economia de experiências* no Capítulo 4. Tal expressão foi empregada pela primeira vez em 1999, por Pine e Gilmore (1999) e Jensen (1999). Neste livro, a aplicamos no contexto da hospitalidade e das experiências, identificando tal conceito como estratégia de vantagem competitiva. Nessa exposição, valemo-nos de exemplos de empresas reconhecidas em seus respectivos mercados e que adotam tal estratégia para obter êxito.

O enfoque do Capítulo 5 são o *marketing* de experiências e o comportamento do consumidor. Diferenciamos o *marketing* tradicional do *marketing* de experiências, refletindo sobre as novas estratégias de engajamento do consumidor por meio das sensações e das emoções.

Por fim, no Capítulo 6, discorremos sobre as tendências dessa atividade, convidando o(a) leitor(a) para a reflexão sobre mudanças na forma como o consumidor busca seus produtos. Ainda, analisamos as diversas possibilidades proporcionadas pela internet – graças a portais, aplicativos e novos meios de atendimento ao consumidor – ao planejamento da entrega de um serviço e ao relacionamento entre empresa e colaboradores.

Como escolha didática, ao final de cada capítulo, retomamos ou explicitamos aspectos a serem examinados com mais acurácia; também fornecemos exemplos de empresas que aplicam em suas práticas os conceitos em destaque; e propomos exercícios de observação. Nosso propósito é levar o(a) leitor(a), com base no que foi discutido, a refletir sobre a criação de uma empresa própria ou, no caso daquelas já criadas, pensar na melhoria dos serviços.

Recomendamos a você, leitor(a), que, para além da leitura da obra, se dedique à observação atenta dos conceitos tratados aqui, buscando detectar suas ocorrências nas relações com os clientes nas empresas e em outras interações cotidianas.

Serviços e hospitalidade

m meio a um emaranhado e competitivo mercado, planejar e entregar serviços é uma atividade desafiadora à medida que os consumidores, cada vez mais informados e com expectativas elevadas, buscam aquelas empresas mais capazes de oferecer e satisfazer suas necessidades e desejos. Para tanto, a compreensão e a reflexão sobre os processos de melhoria em serviços mostram-se fundamentais nos processos de criação de uma identidade e de diferenciação competitiva. Tais medidas são importantes para a empresa conquistar um posicionamento mais relevante no mercado e um reconhecimento de marca mais condizente com aquilo que ela deseja entregar (Fitzsimmons; Fitzsimmons, 2014).

Vale ressaltarmos a importância do comércio e dos serviços nas economias nacionais, a qual, mais especificamente na economia brasileira, representou 73% do valor adicionado ao Produto Interno Bruto (PIB) em 2018, segundo dados do Instituto Brasileiro de Geografia e Estatística (IBGE – Brasil, 2020), o que aponta para a complexidade e a amplitude desse setor ao redor do globo, sobretudo no Brasil.

Tal importância econômica e amplitude indicam também a complexidade de atividades desempenhadas, bem como sua capacidade de geração de empregos em diversos mercados, os quais buscam atender a novos segmentos e novas necessidades inseridas pelas tecnologias atuais. Esse cenário cria um ambiente cada vez mais exigente quanto à capacidade de resposta dos prestadores de serviços (Fitzsimmons; Fitzsimmons, 2014; Lovelock; Wirtz; Hemzo, 2011).

Na Figura 1.1, a seguir, está ilustrada a abrangência e as demandas profissionais desse setor, considerando-se também o fato de que as mudanças nas necessidades pessoais estimulam a evolução dos serviços e das empresas. Assim surgem, ao longo desse processo, inúmeros cargos e profissionais cada vez mais especializados e atentos às novas demandas.

Figura 1.1 – Papel dos serviços na economia

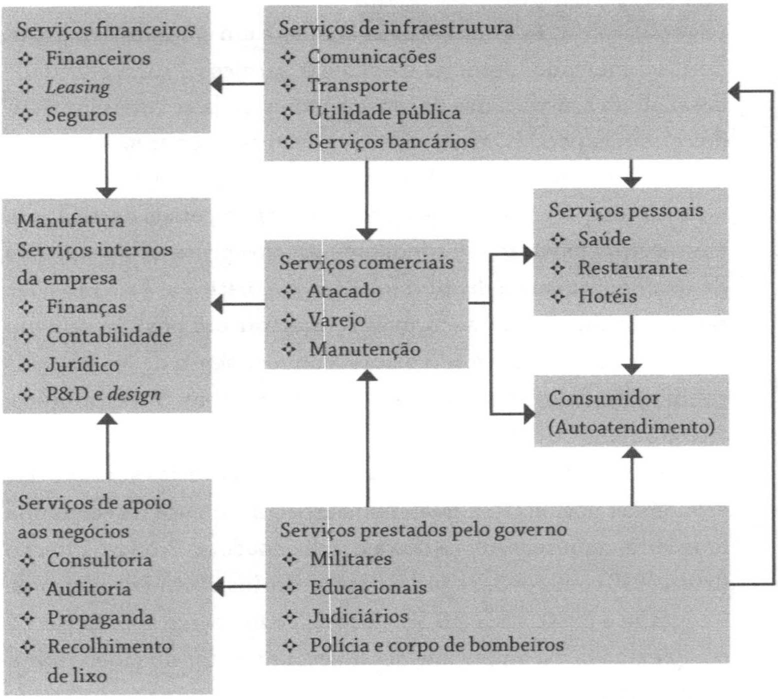

Serviços financeiros
- Financeiros
- *Leasing*
- Seguros

Serviços de infraestrutura
- Comunicações
- Transporte
- Utilidade pública
- Serviços bancários

Manufatura
Serviços internos da empresa
- Finanças
- Contabilidade
- Jurídico
- P&D e *design*

Serviços comerciais
- Atacado
- Varejo
- Manutenção

Serviços pessoais
- Saúde
- Restaurante
- Hotéis

Consumidor (Autoatendimento)

Serviços de apoio aos negócios
- Consultoria
- Auditoria
- Propaganda
- Recolhimento de lixo

Serviços prestados pelo governo
- Militares
- Educacionais
- Judiciários
- Polícia e corpo de bombeiros

Fonte: Guile; Quinn, 1988.

Nesse processo, não apenas melhoram a abrangência e a especialização dos diversos cargos voltados aos serviços; evoluem também as formas de entrega do serviço ou o desempenho do pessoal da linha de frente, sempre no intuito de que o cliente se sinta confortável e bem-vindo na empresa ou no espaço em que é atendido.

Contudo, em uma visão sistemática, a entrega de serviços depende, sobretudo, de planejamento e gestão, para que se compreendam as necessidades do consumidor e estas sejam transformadas em oportunidades. Com isso, os colaboradores e a empresa lançam mão de instrumentos para se preparar para essa nova forma de se relacionar com o cliente.

Reconhecendo essa realidade, neste capítulo, abordaremos os conceitos de serviço, suas principais características, seu modo de planejamento e concepção, promovendo reflexões acerca das oportunidades de criação ou melhora de serviços, tendo em vista as diversas possibilidades do setor.

Ao esmiuçarmos o tema serviços, explicaremos como a hospitalidade se torna um aliado fundamental na busca pela diferenciação competitiva, sendo um princípio do relacionamento humano, que faz parte dos costumes sociais e que vai além de apenas acolher um indivíduo ou um visitante (Camargo, 2004; Montandon, 2011). Logo, este capítulo consiste em uma base para a compreensão sobre a concepção de um serviço, partindo dos princípios da hospitalidade. Adiante, nos próximos capítulos, avançaremos em direção aos conceitos da economia de experiências, abrangendo as novas características da entrega de serviços, a qual envolve a promoção de sensações e emoções diferenciadas para os clientes.

1.1 SERVIÇOS: CONCEITOS E CONTEXTOS

Serviços são atividades econômicas decorrentes do desempenho e das relações estabelecidas entre um colaborador e um cliente, visando a atender às necessidades deste último. Ao final, é de responsabilidade do cliente a realização do pagamento monetário, acordado com o colaborador ou com a empresa representada por ele. Conceitualmente, de acordo com Lovelock, Wirtz e Hemzo (2011), um serviço é compreendido por ser:

- **Intangível**: trata-se de um desempenho, um esforço, uma *performance* entregue por um colaborador a seu cliente.
- **Perecível**: um serviço é sempre finalizado quando o colaborador conclui sua *performance*, não sendo possível a estocagem, apenas a sensação de um prazo maior de seus benefícios ao cliente.

Além disso, deve apresentar:

- **Simultaneidade**: enquanto um colaborador desenvolve e entrega o serviço, este é consumido simultaneamente pelo consumidor.
- **Heterogeneidade**: um serviço nunca é inteiramente igual ao anterior. Isso se dá por diversos motivos: mudanças na *performance* do colaborador, na necessidade do cliente, nos detalhes do ambiente, entre outros aspectos e variáveis.

Por ser dinâmico e aberto às diversas influências e inovações do ambiente de mercado, um serviço sempre se presta a beneficiar o consumidor. Isso pode ocorrer de maneira direta ou indireta, sabendo-se que um serviço pode ser desempenhado tanto para o cliente quanto para seus bens.

Figura 1.2 – Quatro categorias de serviços

		Beneficiário direto do serviço	
		Pessoas	Bens
Natureza do ato de prestação de serviços	Ações tangíveis	Serviços dirigidos ao corpo: • Saúde • Transporte de passageiros • Hospedagem • Salões de beleza • Restaurantes	Serviços dirigidos a bens físicos: • Transporte de carga • Conserto e manutenção • Lavanderia e lavagem a seco • Cuidado veterinários
	Ações intangíveis	Serviços dirigidos à mente: • Educação • Comunicação • Serviços de informação • Teatros • Museus	Serviços dirigidos a ativos intangíveis: • Bancos • Serviços legais • Contabilidade • Seguros • Valores imobiliários

Fonte: Fitzsimmons; Fitzsimmons, 2014.

Vale observar, conforme apresentado na Figura 1.2, que as atividades de serviço são amplamente utilizadas para diversos fins. E, quanto maiores a presença e a participação do cliente no processo de concepção e de entrega do serviço, maior é a atenção aos detalhes em cada contexto de relacionamento. Esses contextos de relacionamento resultam nos graus de diferenciação e de personalização de um serviço, assim descritos por Corrêa e Gianesi (2019):

- Grau de contato com o cliente: quanto maior o grau de contato com o cliente, mais carregado de incertezas e de personalizações será o ambiente, geralmente de característica do *front-office*.
- Grau de participação do cliente no processo: trata das especificações, das preferências dos clientes no processo de realização de um serviço, de suas solicitações e pedidos; ou até mesmo de seus comentários.
- Grau de julgamento pessoal dos funcionários: é o nível de autonomia dos colaboradores para entregar aquilo que o cliente requisita.
- Grau de personalização do serviço: diz respeito à liberdade para inovar, alterar padrões do serviço desenvolvido, visando a atender mais especificamente ao cliente, de acordo com suas necessidades e pedidos.
- Grau de tangibilidade do serviço: refere-se aos atributos ou os itens tangíveis que potencialmente oferecem conforto ao cliente ou que facilitam ao colaborador a entrega do serviço.

Desse modo, quanto mais significativas a presença e a participação dos clientes nos processos de criação e de entrega de um serviço, maiores são as necessidades de planejamento do espaço em que esse atendimento será realizado, haja vista que a organização do espaço compõe a entrega desse serviço. Isso se faz com vistas a ampliar o conforto e aprimorar as experiências dos clientes e dos colaboradores.

Esse tema integra o chamado *pacote de serviços*, que consiste no agrupamento de equipamentos e requisitos a serem cumpridos, tendo em vista que, quanto mais elaborado são o serviço e o espaço, maiores são o conforto e a satisfação expressada pelo cliente.

1.2 CONCEPÇÃO E PACOTE DE SERVIÇOS

Conforme já apontamos neste capítulo, o processo de entrega de um serviço denota **relacionamento entre pessoas** – isto é, entre um colaborador e um cliente – e tem como objetivo a **satisfação de uma necessidade ou um desejo** deste último. Contudo, um serviço é mais do que aquilo que se promete entregar, já que também é composto de outras sensações e percepções ao longo dessa entrega, as quais fazem parte do conjunto de serviços. Esse conjunto não depende apenas do colaborador que atende ao cliente, mas também das sensações, das satisfações e das experiências durante todo o processo de relacionamento com a empresa.

Um exemplo dessa entrega é o ambiente da Starbucks Café, localizada em Los Angeles (Estados Unidos), onde o café é o produto principal. Todavia, os clientes que frequentam essa franquia não vão até lá apenas em busca da bebida, mas também de um local confortável para descansar, para acessar suas redes sociais ou outras páginas da *web*, bem como para se encontrar ou conversar com amigos.

O fato é que o espaço concebido por essa franquia, assim como feito por outras, é composto de um conjunto de informações – móveis, instalações, aromas, cores e produtos – que o tornam agradável e seguro sob o olhar do cliente, comunicando significados e desejos que não se restringem ao ato de tomar um café. Essa sensação de conforto e de desejo de permanência, em alguns casos, torna-se fator estratégico importante para aumentar a quantidade de itens comprados pelos clientes, elevando o valor médio deixado por estes na empresa, o chamado *ticket médio*, uma vez que sua permanência no espaço pode estimulá-lo a consumir mais.

Esse conjunto de informações e de instalações contidas em um serviço é denominado *pacote de serviços*. Este inclui todos os itens, as informações e os serviços disponíveis em um ambiente (assim como fora dele) e que facilitam ou melhoram a experiência de serviços de um cliente (Corrêa; Gianesi, 2019; Fitzsimmons; Fitzsimmons, 2014). Esse aspecto é esquematizado na Figura 1.3, a seguir:

Figura 1.3 – Pacote de serviços

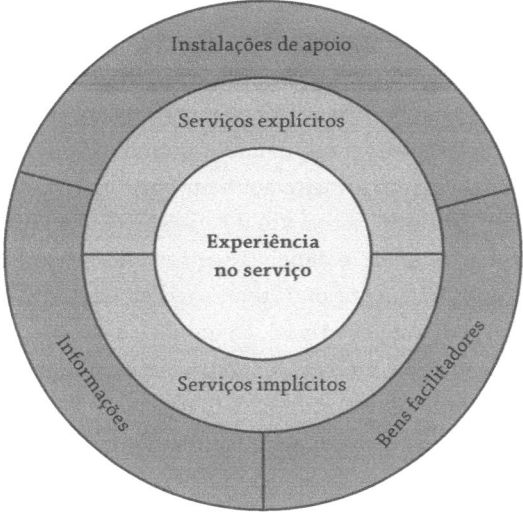

Fonte: Fitzsimmons; Fitzsimmons, 2014.

O pacote de serviços inclui:

- **Serviços explícitos**: todos os benefícios percebidos pelo cliente vindos de um serviço, como a entrega de um prato em um restaurante, a hospedagem em um hotel, o conserto de um automóvel, o conhecimento gerado em estudo desenvolvido em uma universidade, entre outros.
- **Serviços implícitos**: benefícios acessórios ou psicológicos sentidos antes, durante e depois do recebimento de um serviço, como a cortesia e o cuidado especial dos colaboradores com seus clientes, a amabilidade, o *status* gerado por frequentar aquela empresa ou aquela loja, o conforto do espaço e dos móveis disponíveis para uso nesse espaço etc.

Conforme a Figura 1.3, os serviços explícitos e implícitos são caracterizados pelo conjunto de itens ou informações percebidos e recebidos pelo cliente, de sorte que este assimile as experiências que o colaborador e a empresa desejam entregar. Entre esses elementos, estão:

- Instalações de apoio: necessárias para os serviços explícitos, são os recursos físicos do espaço e das instalações onde os serviços serão prestados, motivo por que são fundamentais. Exemplos são o prédio e os ambientes de um hotel, as cadeiras e os sofás onde os clientes se alimentam ou tomam seu café, os aviões em uma viagem, entre outros.
- Bens facilitadores: requisitados sobretudo nos serviços implícitos, dizem respeito aos bens obtidos e usados pelos clientes durante o processo de entrega do serviço, como a conexão *wi-fi* em estabelecimentos onde o consumidor deve permanecer por mais tempo (como um hotel, um restaurante ou uma cafeteria), a comida e a bebida servidas durante um voo, ou livros e jornais servidos em um salão de cabeleireiro enquanto o cliente espera para ser atendido.
- Informações: demandadas sobretudo para os serviços implícitos, referem-se ao conjunto de informações dadas tanto pelos clientes quanto pelos colaboradores as quais permitem a realização de um serviço mais eficiente e personalizado. São exemplos as preferências de cortes de cabelo em um salão de cabeleireiro, o andar ou o tipo de travesseiro em um hotel, os assentos em um voo, especificações de alimentos em um prato ou em uma bebida servida em um restaurante.

Nessa perspectiva, é importante que a empresa (ou as pessoas responsáveis pelo planejamento e pelas decisões do empreendimento) ofereça aos clientes as experiências condizentes com o pacote de serviços desejado. Por exemplo, se durante um serviço são oferecidos poucos bens facilitadores ou as instalações de apoio do local são modestas, é conveniente oferecer ao cliente outras vantagens, como um desconto ou um valor de serviço mais econômico.

Corrêa e Gianesi (2019) chamam atenção para o fato de que todos esses tópicos devem ser refletidos e não negligenciados, pois nenhum dos itens citados é determinante ou irrelevante no processo de escolha de um serviço específico pelos clientes. Os autores recomendam também refletir sobre os seguintes questionamentos:

- Como os elementos disponíveis podem afetar a avaliação e a percepção de experiência do cliente?
- Como os elementos de que o espaço dispõe ou o modo como é desempenhado e entregue o serviço atendem àquilo que é valorizado pelos clientes?
- Como cada um dos elementos pode afetar os demais?
- Os elementos disponíveis se integram com os demais e com o serviço principal a ser entregue?

O planejamento integrado de um serviço, considerando tanto os serviços explícitos quanto os implícitos, abre espaço para os cuidados especiais e as preocupações com as sensações, a segurança e os vínculos emocionais e de amizade entre clientes e colaboradores. Isso, por fim, leva à fidelização do cliente e o incentiva a indicar a empresa para amigos e familiares que buscam o mesmo serviço.

Essa busca pela fidelização e pela criação de vínculos por meio do calor humano e dos cuidados é tratada na hospitalidade, que não se restringe ao acolhimento de um visitante, mas se estende a princípios que levam em conta todos os atos de relacionamento humano pautados no desejo de servir e de fazer bem ao outro.

1.3 CONCEITO DE HOSPITALIDADE

A hospitalidade é um princípio ético, que está presente em todos os atos de relacionamento humano e é pautada nos bons costumes, no calor humano, no respeito mútuo e no desejo de se buscar o bem do outro. Além disso, não se efetiva apenas no campo comercial, mas também nos contextos públicos e privados da sociedade (Camargo, 2004).

No senso comum, o termo *hospitalidade* é considerado sinônimo de *acolhimento*, provavelmente porque o vocábulo deriva de *hospitalis*, do grego *hospes*, que se refere ao ato de receber o outro, de o acolher, e remete a "hospedagem gratuita", cujo oferecimento deva ser estendido a qualquer um que a demande (Camargo, 2011; Grassi, 2011).

A hospitalidade é um costume histórico, citada e valorizada nos livros sagrados das diversas religiões que moldaram o mundo atual, como um dever moral "tão primordial que se considera uma oferenda sagrada, ou uma obra de misericórdia, caridade ou justiça" (Tomillo Noguero, 2019, p. 29). A preocupação moral da hospitalidade é tratar bem os outros, respeitando a própria dignidade, a do outro e a de todos, sendo atento e cuidadoso (Tomillo Noguero, 2013).

As referências simbólicas e sagradas da hospitalidade evidenciam que sua prática está ligada a leis não escritas, constantes em todos os momentos do relacionamento humano. Ela está historicamente relacionada à dádiva das boas-vindas a todos aqueles que vêm de fora, por alguém que está dentro, com o objetivo de estreitar vínculos sociais de amizade ou apenas de promover novos relacionamentos (Camargo, 2015; Derrida, 2006; Selwyn, 2000). O ato de oferecer hospitalidade ao outro remete ao que Mauss (1974) classifica como o **fenômeno social da dádiva**, manifesto em diversas culturas e representado pela cessão ao outro de algum bem, sem necessariamente se esperar algo em troca.

Nesse contexto, a cessão de uma dádiva cria um sentimento de hierarquia do doador sobre o receptor, em que a retribuição ou o pagamento dessa dádiva se torna a libertação do receptor perante seu doador, estabelecendo a tríade "dar-receber-retribuir" (Camargo, 2004; Perrot, 2011).

Vale citar, no entanto, que a dádiva é algo mais mental do que necessariamente material. A hospitalidade consiste em um momento de troca humana que envolve gentilezas, banquetes, ritos, danças, festas, serviços, entre outros aspectos das interações sociais nos quais aquele que cede oferece algo de si, ao passo que aquele que recebe acolhe um pouco do outro (Gotman, 2011; Perrot, 2011). Diante disso, Lashley (2000) e Camargo (2004) investigam as *nuances* das atividades ou das relações sociais baseadas em hospitalidade em diversos contextos ou espaços, quer sejam no trato privado ou residencial, envolvendo anfitrião e visitante, quer sejam em ambientes públicos e comerciais, englobando o cuidado dispensado a forasteiros ou clientes.

Detalhamos esses temas nas subseções a seguir, fornecendo base para a compreensão teórica e, posteriormente, prática da utilização da hospitalidade no campo dos serviços. Isso será também aprofundado nos próximos capítulos deste livro, com a proposta de estratégias de concepção e realização de serviços.

1.3.1 Domínios de atividades de hospitalidade

Lashley (2000) separa as atividades relacionadas à hospitalidade em três domínios: i) domínio privado, ou doméstico; ii) domínio social; e iii) domínio comercial, conforme apresentado na Figura 1.4, a seguir, por meio do chamado *diagrama de Venn*.

Figura 1.4 – Domínios das atividades de hospitalidade

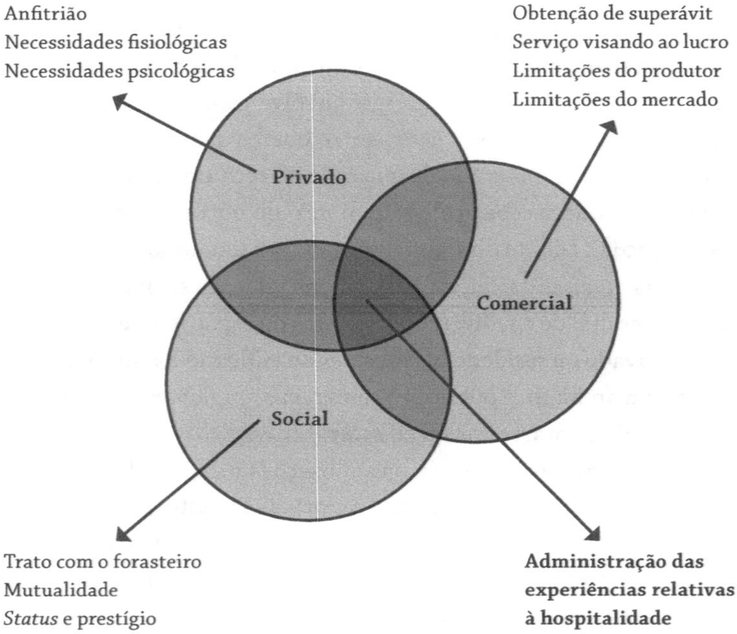

Anfitrião
Necessidades fisiológicas
Necessidades psicológicas

Obtenção de superávit
Serviço visando ao lucro
Limitações do produtor
Limitações do mercado

Privado

Comercial

Social

Trato com o forasteiro
Mutualidade
Status e prestígio

Administração das
experiências relativas
à hospitalidade

Fonte: Elaborado com base em Lashley, 2000, 2004.

A hospitalidade em **domínio doméstico**, ou privado, refere-se a todos os tratos oferecidos no ambiente residencial do anfitrião. Estes estão relacionados aos suprimentos das necessidades fisiológicas e psicológicas dos visitantes, direcionando cuidados a seu descanso, a sua alimentação, a sua segurança, a seu entretenimento. Tais cuidados têm o potencial de criar vínculos de amizade entre o anfitrião e o visitante.

Vale observar o **sentido simbólico** do espaço doméstico nas relações de hospitalidade, tendo em conta que ocorre no núcleo familiar. Assim, estabelece-se uma ponte de respeito cultural entre pessoas, na qual o fornecimento do descanso, da alimentação e de todos os itens necessários para esse acolhimento é de cargo ou de responsabilidade da família, sendo este um contexto de cuidado com o outro.

Já em **domínio social**, a hospitalidade é baseada nos costumes, na cultura ou no conjunto de valores de uma sociedade. Esses três elementos refletem os diversos momentos de relacionamento ou o trato com estranhos, muitas vezes envolvendo sentimentos ou ensinamentos religiosos que ditam os atos com o outro ou as características coletivas locais que direcionam os atos em um relacionamento (Lashley, 2015).

Nesse domínio, a hospitalidade é muitas vezes relacionada às questões de *status* e prestígio, tanto para quem recebe quanto para quem é recebido, pois envolve a percepção de quantidade de bens e cuidados dispensados. Sob o ponto de vista do anfitrião, quanto mais bens forem cedidos aos visitantes, mais *status* social este acumulará em meio a seus coanfitriões ou aos demais membros da comunidade. De modo semelhante, quanto mais presentes ou cuidados um visitante receber, maior será sua sensação de prestígio enquanto estiver entre seus anfitriões (Lashley, 2000, 2015).

Por fim, a hospitalidade em **contexto comercial** está direcionada ao conjunto de ofertas e de demandas de mercado, sobretudo no campo dos serviços e no relacionamento interpessoal na busca do lucro. Nesse caso, os fundamentos da hospitalidade são aplicados no âmbito da gestão e no planejamento empresarial em consonância com os princípios éticos que norteiam os relacionamentos com os clientes (Lashley, 2000).

Observando-se a Figura 1.4, nota-se que, ao centro da intersecção entre os três círculos de hospitalidade, consta a chamada "administração das experiências relativas à hospitalidade". A centralidade ocupada por esse conceito indica que as relações mantidas entre anfitriões e visitantes precisam ser contempladas em todas as trocas de hospitalidade, de modo que a empresa ofereça cuidados ao cliente e este se sinta em casa, não importando onde estiver (Lashley, 2008).

1.3.2 Tempos e espaços da hospitalidade

Camargo (2004) descreve as características dos atos e das atenções relativas à hospitalidade em quatro espaços sociais, sendo eles: (i) o espaço doméstico, (ii) o público, (iii) o comercial e (iv) o virtual. Para cada espaço, são previstos quatro tempos sociais, momentos ou cuidados que o anfitrião tem de oferecer ao hóspede, quais sejam: (i) recepcionar, (ii) hospedar, (iii) alimentar e (iv) entreter.

Nesse sentido, para cada momento, espera-se um cuidado característico baseado no espaço ou no contexto em que essa relação está se estabelecendo. No Quadro 1.1, a seguir, essas características estão detalhadas.

Quadro 1.1 – Tempos e espaços da hospitalidade

	Recepcionar	Hospedar	Alimentar	Entreter
Doméstica	Recepcionar pessoas em casa de forma intencional ou casual	Fornecer pouso e abrigo em casa para pessoas	Receber em casa para refeições e banquetes	Receber para recepções e festas
Pública	A recepção em espaços e órgãos públicos de livre acesso	A hospedagem proporcionada pela cidade e pelo país, incluindo hospitais, casas de saúde e presídio	A gastronomia local	Espaços públicos de lazer e eventos
Comercial	Os serviços profissionais de recepção	Hotéis	A restauração	Eventos e espetáculos Espaços privados de lazer
Virtual	Folhetos, cartazes, *folders*, internet, telefone, e-mail	*Sites* e hospedeiros de *sites*	Programas na mídia e *sites* de gastronomia	Jogos e entretenimento na mídia

Fonte: Camargo, 2004, p. 84.

Camargo (2015) salienta que a hospitalidade se efetiva mediante interações humanas em tempos e espaços planejados para tal, de modo que o visitante se sinta bem-vindo ou que suas demandas sejam atendidas em dado contexto. Nos campos doméstico e público, a hospitalidade está centrada na atenção aos outros que não vivem na mesma comunidade, cidade ou espaço que o anfitrião; tais sujeitos, portanto, precisam de apoio ou cuidados relacionados a sua segurança e seu bem-estar, seja na residência deste, seja em espaços públicos coletivos da cidade, sobretudo quando envolvem necessidades básicas como descanso e alimentação (Camargo, 2015).

Na perspectiva comercial, as exigências dos clientes têm evoluído e se especificado; ademais, tem crescido o desejo das pessoas pela sociabilização, pela segurança e pela confiança. Nesse cenário, um atendimento marcado pela hospitalidade proporciona uma relação mais fluida; além disso, contribui para conferir uma imagem mais humanizada para a empresa, e gera uma sensação de satisfação mais ampla no cliente (Gotman, 2009).

Vale fazermos um comentário sobre o espaço virtual da hospitalidade. Boa parte das empresas optam atualmente por essa modalidade de relacionamento (Camargo, 2004). Nessas plataformas *on-line*, efetivam-se atendimentos, reuniões, eventos, incursões virtuais, serviços, entregas, aulas, aconselhamentos, aprendizagens, amizades, relações. Em meio a tantas possibilidades, é muito relevante a atenção aos mínimos detalhes em *websites* para que sejam fáceis e seguros de serem utilizados. Além disso, o ambiente digital permitiu a pessoas e empresas excluir o fator geográfico e as distâncias do rol de obstáculos para as interações e para a hospitalidade.

A hospitalidade é parte dos ensinamentos que são passados de geração em geração, de modo inconsciente e espontâneo, quando os princípios da ética e dos bons costumes são ensinados para filhos e netos. Dessa forma, naturalizados desde cedo, os princípios do respeito e dos cuidados genuínos são praticados nos relacionamentos interpessoais cotidianos.

1.4 QUALIDADE EM SERVIÇOS E HOSPITALIDADE

Como já comentamos, o serviço é uma *performance* executada por uma pessoa para outra e cujo objetivo é o auxílio ou a resolução das necessidades do cliente. Por ser intangível e depender sobretudo do esforço pessoal do colaborador, a percepção de qualidade em serviços é diferente da percepção de qualidade em bens físicos. Isso porque esta última está mais atrelada ao funcionamento e à durabilidade dos bens, ao passo que a percepção de qualidade em serviços se baseia em sensações de atendimento às necessidades e expectativas.

Desse modo, o tema qualidade em serviços recebe diversas definições na literatura, justamente por ser subjetivo, e envolve percepções características de *performance*, de conhecimento, de segurança e, muitas vezes, de equipamentos presentes no espaço onde o serviço é entregue (Fitzsimmons; Fitzsimmons, 2014; Mondo, 2019; Zeithaml; Bitner, 2003).

Para explicar as características ou o conjunto de percepções relacionadas à qualidade em serviço, Zeithaml e Bitner (2003) e Fitzsimmons e Fitzsimmons (2014) descrevem cinco critérios:

1. **Confiabilidade**: habilidade para execução do serviço de modo seguro e preciso.
2. **Receptividade**: desejo de ajudar e de atender às necessidades do cliente sem demora.
3. **Segurança**: conhecimento dos colaboradores e capacidade de inspirar confiança e credibilidade.
4. **Empatia**: cuidado e dedicação ao cliente.
5. **Aspectos tangíveis**: instalações físicas, equipamentos e material impresso.

Gronroos (2009) enumera sete observações para a percepção da qualidade em serviços, que tratam igualmente do conhecimento técnico e da segurança no momento da entrega do serviço, mas incluem também questões relacionadas à reputação e à credibilidade conquistadas ao longo do tempo pela empresa:

1. Profissionalismo e habilidade dos funcionários.
2. Atitudes e comportamento dos prestadores, assim como simpatia contida na prestação de serviços.
3. Acessibilidade e flexibilidade relacionadas ao local onde o serviço é realizado, bem como à disponibilidade de horas.
4. Confiabilidade e integridade dos colaboradores, garantindo a confiança do cliente.
5. Aspectos físicos do ambiente onde o serviço é realizado.
6. Reputação e credibilidade adquiridas pela empresa ao longo de seu tempo no mercado.
7. Recuperação do serviço, quando este foi iniciado de modo equivocado.

Para Lovelock, Wirtz e Hemzo (2011), a hospitalidade é um dos elementos suplementares realçadores de um serviço principal, pois tem o potencial de conferir um valor extra a um serviço e realçá-lo, com o fito de torná-lo mais agradável ao cliente. Para os autores, serviços que se baseiam nos princípios da hospitalidade "deveriam refletir o prazer de conhecer novos clientes e saudar os antigos, quando estes retornam" (Lovelock; Wirtz; Hemzo, 2011, p. 113). Nesse sentido, as empresas bem-gerenciadas precisam garantir que seus colaboradores tratem seus clientes como hóspedes. São também recomendáveis ações básicas como dizer *olá*, *obrigado* ou *bom dia* de forma calorosa, e fornecer pequenos bens que proporcionem conforto e entretenimento aos clientes enquanto esperam. Isso vale, igualmente, para a proteção contra intempéries quando a espera ou o serviço ocorrem a céu aberto – soluções, neste caso, são criar espaços fechados que protejam as pessoas da chuva ou de um dia de calor forte (Lovelock; Wirtz; Hemzo, 2011).

A adoção da hospitalidade em serviços envolve calor humano durante todo o relacionamento com o cliente, naquilo que se convencionou chamar de *momento da verdade*. No entanto, é preciso ter claro que a interação entre colaborador e cliente não ocorre somente no instante em que este comparece ao local onde o serviço é prestado; ele precisa receber atenção dos atendentes ao longo de todo o processo – isto é, antes, durante e depois da realização do serviço. Logo, o colaborador tem de conhecer o máximo possível essa pessoa, entendendo suas expectativas para futuras interações, com o propósito de fidelizá-la e estimulá-la a indicar a empresa para amigos e familiares.

Lockwood e Jones (2004, p. 246) definem *inserção da hospitalidade em ambiente comercial* como:

> A hospitalidade comercial tem a capacidade de envolver o cliente ativa e apaixonadamente na produção e no consumo da experiência da hospitalidade, respondendo às demandas das sensibilidades pós-modernas, mas em um leque de segurança e "potência excitante" das últimas técnicas da produção moderna.

Na Figura 1.5, detalhamos o ciclo de serviços, destacando dez cuidados ou ações ao longo de um **momento da verdade**, e especificando traços de hospitalidade que se manifestam nessa interação. A atenção está voltada aos cuidados com o conforto e o bem-estar do cliente, por passar a sensação de segurança e respeito, bem como de total interesse pelas necessidades e expectativas deste.

Figura 1.5 – Ciclo de um serviço

1 - Buscar saber detalhes sobre o cliente e suas expectativas.

2 - Receber o cliente, dando-lhe boas-vindas. Perguntar se fez boa viagem até o local.

3 - Direcionar o cliente até o ponto de espera, caso o serviço ainda não esteja pronto.

4 - Oferecer um café ou lanche, uma revista ou um jornal enquanto espera.

5 - Levar o cliente até o ponto de serviço e instalá-lo confortavelmente.

6 - Desenvolver o serviço, buscando atender a todas as expectativas.

7 - Certificar-se ou perguntar se está tudo bem, se há algo mais que o cliente deseja.

8 - Finalizar o serviço e dar um pequeno presente para o cliente, algo que o faça lembrar do colaborador e da empresa.

9 - Oferecer diversas formas de pagamento e cobrar um valor justo pelo serviço.

10 - Expressar que foi um prazer servi-lo e que estará sempre à disposição do cliente quando retornar.

Conforme evidenciado nesse esquema, é altamente recomendável observar certos cuidados desde o início do contato com o cliente, buscando conhecê-lo o máximo possível. Nessa etapa, é válido coletar dados sobre o consumidor, especialmente seu nome, tratando-o como um amigo em toda a interação. As perguntas a serem feitas devem contemplar as preferências dele com relação ao serviço, à entrega, à quantidade, a especificidades e possíveis personalizações, a detalhes do espaço onde gostaria de receber esse serviço de acordo com as possibilidades da empresa – como um andar em um hotel ou em um lugar de luz natural em um restaurante, entre outros (Junqueira; Wada, 2010).

Estando o cliente no espaço em que o serviço será prestado, deve-se fazê-lo esperar o mínimo tempo possível até receber os serviços contratados. Contudo, caso seja necessário, é importante acompanhá-lo até um local de espera, de modo que ele se acomode confortavelmente. A oferta de lanches e bebidas leves é indicada para tornar a espera menos incômoda.

A entrega do serviço deve ser efetuada de forma personalizada; por isso, é tão importante coletar informações sobre as preferências do usuário, bem como planejar todo o processo de entrega, de modo a evitar imprevistos e facilitar a ação para o colaborador no momento da verdade (Junqueira; Wada, 2010).

Ao final, a satisfação do cliente deve ser alcançada, e, para isso, é aconselhável questionar se tudo foi entregue do modo como ele esperava, com o intuito de que ele indique sua satisfação ou insatisfação com relação ao serviço. O pagamento deve ser facilitado com mais de uma modalidade (espécie, cartão de débito ou crédito, PIX, parcelamento) e com valores justos.

A oferta de pequenos bens ou serviços extras, demonstrando preocupação com a satisfação e com a criação de vínculos de memória e amizade entre o cliente e a empresa, é mais um passo para a despedida. Com esse ato, manifesta-se a satisfação em servi-lo e o desejo de revê-lo em outras oportunidades ou necessidades.

O esforço pela fidelização – ou seja, o **pós-venda** – é crucial, porque por meio dela podem-se estreitar os vínculos entre a empresa e o consumidor. O uso da tecnologia virtual para o contato, por meio de aplicativos, as costumeiras mensagens de aniversário ou promoções em produtos comprados anteriormente que possam agradar e atrair novamente os clientes são recomendáveis.

Pensar um serviço tendo a hospitalidade como guia, portanto, significa planejar cada passo da prestação, de modo que se atenda às expectativas do cliente mediante tal relacionamento, sempre se valendo das informações obtidas; em outras palavras, a hospitalidade se presta a criar laços de amizade ou estreitar aqueles já existentes (Selwyn, 2000). Logo, estudar como esse conceito tem sido utilizado nas interações com os clientes é bastante frutífero, sobretudo ao se considerar a busca cada vez mais frequente pela sociabilização e pela criação de uma imagem empresarial mais humana, que não apenas aproxime a empresa das pessoas, mas também as encante.

1.5 ANÁLISE DE CASOS, REFLEXÕES E CONSIDERAÇÕES FINAIS

Nesta seção, analisamos os conceitos abordados sobre hospitalidade e serviços, por meio de sua aplicação prática em uma empresa de serviços de medicina e saúde, eleita como a empresa mais hospitaleira do Brasil em 2018: o Grupo Fleury. Ao final, destacamos alguns pontos para reflexão, levando em conta os temas atinentes à hospitalidade.

1.5.1 Grupo Fleury e hospitalidade em serviços

Para investigar como se dá a inserção da hospitalidade em um contexto empresarial, o Instituto Brasileiro de Hospitalidade Empresarial (IBHE) realiza, anualmente, uma pesquisa voltada a identificar as empresas mais hospitaleiras do Brasil (IBHE, 2019). Na consulta de 2018, foram consideradas 192 empresas de 38 segmentos, contabilizando mais de 500 profissionais. Pela sétima vez consecutiva, a Fleury Medicina e Saúde, atuante no setor de medicina diagnóstica, foi premiada como a empresa mais hospitaleira do Brasil (Grupo Fleury, 2019; IBHE, 2019). Nessa pesquisa, cuja premiação ocorreu no mês de março de 2019, a percepção da hospitalidade foi medida, de acordo com o público votante, pelo interesse genuíno ao ouvir (35%), à atenção aos detalhes (26%), ao tom de voz durante o atendimento (25%), às palavras utilizadas (6%), à agilidade na resposta (6%) e, por fim, à linguagem corporal, quando presencial (2%) (Grupo Fleury, 2019; IBHE, 2019).

Segundo informações da empresa, o Grupo Fleury implementa um conjunto de práticas de sustentabilidade – entre elas os princípios de diálogo com públicos de interesse (ou *stakeholders*) – pautadas: na ética e na transparência nas relações; na valorização de ideias e estilos diversos; no cumprimento de compromissos estabelecidos; no estímulo à troca de conhecimentos em saúde; e em soluções para geração de indivíduos e sistemas mais saudáveis (Grupo Fleury, 2021). Esses são apenas alguns entre outros compromissos de cidadania corporativa, que levam em conta relações de confiança com seus colaboradores e com as comunidades onde a empresa está instalada: colocar-se no lugar do outro e buscar compreender suas condições, apoiando-se nos valores da empresa e no potencial de seus colaboradores em impactar positivamente e de forma benéfica a sociedade etc. (Grupo Fleury, 2021).

1.5.2 Síntese e reflexões

Fica evidenciado nas considerações a respeito da empresa em análise a inserção de princípios voltados à criação de valores mais humanos, bem como uma cultura empresarial mais solidária (ao longo de toda a interação com clientes e outros *stakeholders*) e orientada pela empatia e pelo desejo verdadeiro de ajudar ao máximo e de forma rápida aqueles que buscam a empresa. Esse conjunto de fatores motiva uma relação baseada em princípios éticos, em confiança, em segurança, em calor humano nas relações e em hospitalidade.

Por fim, aconselhamos que você, leitor, faça a si mesmo as seguintes perguntas:

- Como eu gostaria de ser tratado ou recebido em uma empresa, levando em conta os conceitos da hospitalidade?
- Como inserir os princípios da hospitalidade em meu dia a dia como profissional.
- Como estabelecer um relacionamento, ou um momento da verdade, com meus clientes, pautado nos princípios da hospitalidade?
- Como inserir os princípios da hospitalidade na empresa em que atuo?

Para ajudar nessas e em outras reflexões, nos próximos capítulos, versaremos sobre esses temas. Esclareceremos como inserir os conceitos da hospitalidade no cotidiano da empresa, em todos os momentos de interação com clientes e com outros grupos de interesse – sobretudo com os colaboradores. Afinal, isso é essencial para a construção de um ambiente de trocas contínuas de hospitalidade.

Dragon Images/Shutterstock

2

Hospitalidade em domínios social e privado

No capítulo anterior, explicamos que a hospitalidade é um princípio ético que se manifesta em atos de relacionamento humano, não se restringindo ao acolhimento, mas se estendendo a todos os momentos de interação pautados no respeito mútuo e no calor humano (Camargo, 2004). Entre os domínios da hospitalidade, Lashley (2000) cita o social (ou cultural) e o privado (ou doméstico), que dizem respeito às relações estabelecidas sem a mediação de pagamento monetário pela atenção recebida ou dispensada. Nesses casos, o objetivo é conferir ao espaço uma atmosfera de segurança e de acolhimento.

Nesse sentido, Lashley (2000) sugere que é preciso estudar o contexto social específico em que a hospitalidade acontece. Tal afirmação está baseada em Heal (1990, p. 2 citado por Lashley, 2004, p. 6), que explicava: "embora a hospitalidade fosse muitas vezes expressa numa série de ações privadas e por um anfitrião em particular, ela era articulada com base numa matriz de crenças partilhadas e publicamente articuladas".

O estudo desse contexto de hospitalidade mostra a importância de se compreender a "condição da hospitalidade pela perspectiva histórica, cultural ou antropológica" (Lashley, 2004, p. 7), pois o valor conferido à hospitalidade varia de acordo com o tempo e entre as sociedades, porquanto cada sociedade desenvolve seus próprios costumes ou tradições de hospitalidade (Lashley, 2004).

As descrições de contexto social de hospitalidade de Lashley (2000, 2004) são também observáveis nos comentários sobre tempos e espaços de hospitalidade de Camargo (2004). Afinal, em ambos os espaços descritos por este, as ações de hospitalidade estão baseadas em **crenças socialmente aceitas** – construídas ao longo de um processo histórico e cultural – sobre como encantar o hóspede, o visitante ou o cliente.

Esses costumes sociais de hospitalidade são expressos no modo como as pessoas se relacionam, levando em conta sua cultura, suas crenças, suas tradições e seus atos cotidianos que demonstrem estima pelo outro. A Figura 2.1, a seguir, ilustra isso ao retratar o cumprimento japonês que consiste em se curvar.

Figura 2.1 – Cumprimento e reverência na cultura japonesa

Esse ato é um costume milenar japonês de demonstração de hospitalidade, de profundo respeito, de aceitação, de agradecimento ou de apreço à presença do outro. Desse modo, a recusa em seguir essa regra social (ou se negar a cumprimentar alguém que o cumprimenta) é tido não apenas como sinal de desdém e desrespeito, mas também de agressão (Camargo, 2004).

Também é assim com o sorriso, que igualmente exprime satisfação pela presença ou pela intervenção do outro, demonstra aceitação e apreço e, por consequência, gera naquele que o recebe uma sensação de acolhimento, de calor humano e de prestígio. Trata-se de um ato de hospitalidade, capaz de criar vínculos com o outro, por meio de um conjunto de sinais simbólicos de aceitação e estima, socialmente aceitos e construídos tendo como base as matrizes culturais.

Diante dessas constatações, concentramo-nos neste capítulo na abordagem desse princípio de hospitalidade, propondo reflexões e aplicações em serviços. Focaremos aqui as aprendizagens e as influências do convívio social e cultural para moldagem do cotidiano das relações dentro da organização, estabelecendo espaços e atitudes de hospitalidade, entre anfitriões, colaboradores e visitantes/clientes.

2.1 DO EXTERNO PARA O INTERNO: A EMPRESA APRENDENDO COM A COMUNIDADE

As empresas apresentam certas características das comunidades ou países onde estão instaladas, não apenas por sua localização, mas também por causa de seus colaboradores. Isso porque, estes são seres sociais, que carregam em si um conjunto de costumes e culturas compartilhado em suas comunidades.

Neste ponto de nossa abordagem, vale assinalarmos que o termo *cultura* representa o conjunto de costumes, civilização e realizações de uma época ou de um povo. Inclui, ainda, os modos de relacionamentos entre pessoas, além das relações entre indivíduos, seu espaço, o conjunto de crenças e, em seu sentido mais erudito, as artes, os festivais e outras manifestações do intelecto (Chiavenato, 2020).

O domínio social ou cultural de hospitalidade centra-se nesses conjuntos de costumes e crenças, destacando a importância dos **contextos sociais e antropológicos locais** para que se compreendam as **regras das interações**, bem como as ações tomadas por uma pessoa ou grupo em benefício do outro. Por extensão, engloba o conjunto de condutas dos colaborares durante as interações em momentos de serviços (Lashley, 2000, 2004).

Nessa mesma linha, Camargo (2004, 2015) sugere que a hospitalidade designa o ritual de relacionamento humano, indicando como se *deve* receber e se relacionar com o outro, sendo ele um amigo, um familiar ou um cliente. Esse ritual é regido por um **conjunto de atos simbólicos** para os quais não há um manual escrito: ele é, portanto, aprendido no convívio interpessoal e em diferentes relações estabelecidas em diversas esferas sociais.

Wada (2015) menciona algumas tradições de hospitalidade e de costumes locais para serviços. A autora explicita os conceitos atrelados ao termo *omotenashi*, que foi difundido durante os Jogos Olímpicos de 2020 (adiados para 2021, por conta da pandemia de Covid-19), evento sediado em Tóquio.

> A cultura, preceitos e qualidade de serviços japoneses emanam basicamente do coração, ou seja, *omotenashi*. O *omotenashi* no Japão tem significado amplo e prevê o completo cumprimento das demandas do visitante ao prover super serviços [sic] "do fundo do coração", sem a expectativa de receber nada em troca, além da habilidade de converter ideias em ações. Apesar de ter um significado similar a hospitalidade, em inglês, sugere um reconhecimento mais profundo do ser humano. (Belal; Shirahada; Kosaka, citados por Wada, 2015, p. 4)

Em seus estudos, Wada (2015) enaltece, mencionando o caso de empresas japonesas, o quanto essa cultura é aplicada e demonstra preocupação em entregar o melhor em serviços, reconhecendo as diversas necessidades de seus clientes. Ela comenta, ainda, sobre a relação que se busca estabelecer fazendo dos clientes hóspedes. O intuito é personalizar cada solução para superar expectativas do cliente e marcar positivamente a imagem do país.

Aplicando essas reflexões ao Brasil, muito se fala sobre a hospitalidade brasileira, citada por autores como Wada (2015) e Camargo (2015). Sobre esse tema, o Ministério do Turismo (Brasil, 2015) investigou a satisfação e o desejo de retorno de turistas estrangeiros no pós-Copa do Mundo de 2014, realizada no país. No trabalho, a hospitalidade foi o motivo de satisfação mais citado, destacando-se a simpatia e o acolhimento, considerados "típicos" do brasileiro, com 97,2% dos votos. Claramente, os serviços realizados em empreendimentos hoteleiros e restaurantes no Brasil são pautados nesses conceitos, conforme registrado na Figura 2.2.

Figura 2.2 – Satisfação com o turismo

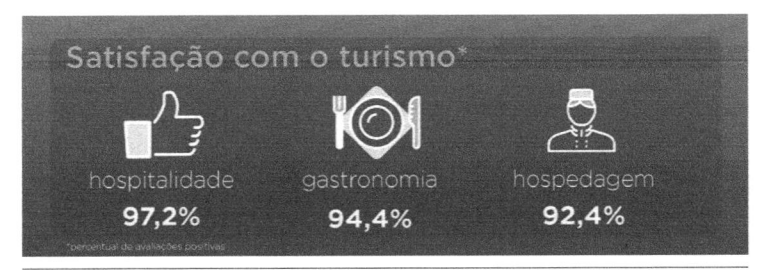

Satisfação com o turismo*		
hospitalidade	gastronomia	hospedagem
97,2%	94,4%	92,4%

*percentual de avaliações positivas

Fonte: Brasil, 2015.

Desse modo, as comunidades, as cidades e os países onde as empresas se instalam podem contribuir muito com o modo como o serviço é concebido, oferecendo para o momento da verdade (conceito que explicamos na Seção 1.4 deste livro) muitos costumes e características locais que enriquecem e diferenciam os serviços. Com isso, o cliente é estimulado a forjar uma imagem positiva do local e do serviço, a qual pode se transformar em memória graças às relações humanas estabelecidas.

A estratégia de se valer dos conhecimentos e costumes da comunidade local é comumente adotada por empreendimentos hoteleiros e restaurantes, onde os costumes do acolhimento e da alimentação seguem uma série de ritos locais. Tais condutas se revelam no modo como os recepcionistas falam com o hóspede, nas palavras e no gestual utilizado e no modo como esses profissionais se expressam; também se revelam nos bens cedidos e nas instalações do espaço que agregam valor à hospitalidade, como conforto, segurança, alimentos, bebidas, entre outros (Castelli, 2016).

O **turismo**, uma atividade que envolve diversos encontros e experiências, também se beneficia consideravelmente das características locais no momento da entrega de atividades de lazer, por exemplo. Sobre esse tema, citamos a atividade classificada como de "base local" ou "comunitária"; nesse caso, é normalmente a população da região que direciona e opera a atividade (Bartholo; Sansolo; Bursztyn, 2009). Isso quer dizer que é a comunidade que desenvolve a programação turística, hospeda e alimenta o visitante durante seu período de permanência, oferece a ele o melhor de seus costumes, suas experiências de vida e seus hábitos de hospitalidade durante toda a interação – em momentos de recepção, de banquetes, de festas, de rituais, de lazer e de hospedagem (Coriolano, 2009).

O processo de aprendizagem dos costumes e da cultura de hospitalidade local envolve a preparação da empresa para tal. Ela deve compreender profundamente esse comportamento e assimilar, por meio das pessoas que fazem parte da instituição em todos os níveis hierárquicos, seus costumes e as formas de realização, de modo que sejam genuínos, e não encenados ou teatralizados. Além disso, todos os colaboradores devem estar à vontade, satisfeitos e confortáveis com o serviço que prestam e com a maneira de entrega adotados pela empresa, tendo como base os melhores conceitos locais de hospitalidade.

2.2 Hospitalidade e identidade organizacional

Assim como as pessoas, "as organizações também possuem costumes, tradições, rotinas específicas e até um ocasional mau hábito, que lhes concedem certo tipo de individualismo" (Van Riel, 2013, p. 26). Ainda, as empresas têm identidade, características que as diferenciam no mercado e que as tornam únicas, atraindo a atenção do segmento de clientes com os quais elas desejam se relacionar.

Desse modo, fomentar a hospitalidade envolve criar condições para que as ações voltadas ao acolhimento sejam efetuadas de forma fluida e genuína. Para isso, estabelecer uma identidade organizacional é fundamental, proporcionando o reconhecimento das características da organização, servindo de base para a construção da missão, da visão e dos valores, bem como da cultura organizacional, aspecto que será abordado adiante.

A **construção da identidade** da empresa envolve aspectos como: organização do ambiente; método de comunicação com seus clientes; forma de entrega de serviço; possíveis causas defendidas pela organização em consonância com seu sistema de valores e culturas; e até mesmo o modo como os colaboradores (em todos os níveis hierárquicos e posições) se vestem e se portam em momento de serviço. Van Riel (2013) defende que é crucial a criação de uma identidade, sobretudo partindo da alta gerência. O autor estabelece, pois, que a identidade de uma organização geralmente é estabelecida em três perspectivas, que são, em geral, classificadas em dois grupos, conforme esquematizado na Figura 2.3.

Figura 2.3 – Características da identidade organizacional vista de três perspectivas diferentes

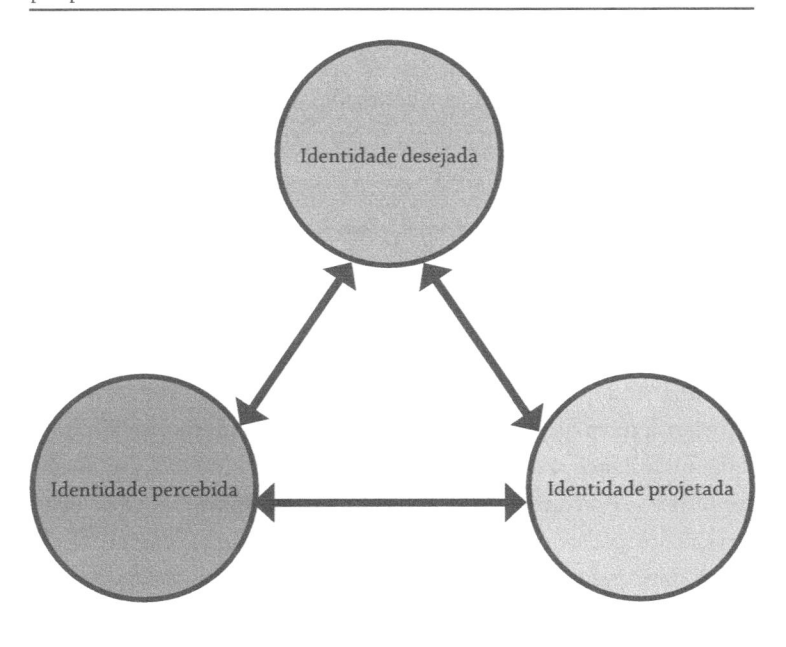

Fonte: Van Riel, 2013, p. 29.

Essas perspectivas dizem respeito primeiramente à construção, pela alta gerência, da identidade organizacional e, portanto, à **identidade desejada**. Por sua vez, a **identidade projetada** refere-se a como a identidade desejada é apresentada aos colaboradores – por meio de comunicações, da cultura organizacional, dos valores, dos projetos, das características do ambiente de trabalho, dos materiais de comunicação entre outros elementos –, expressando as características que a administração acredita serem típicas da organização. Por fim, a **identidade percebida** corresponde à percepção de todos aqueles que compõem a empresa e a como ela será colocada em prática durante os serviços e relacionamentos com os consumidores.

Portanto, estão envolvidos aí processos de alinhamento estratégico da alta gerência com seus colaboradores, na criação de mensagens e nas características organizacionais; isso é essencial, porque não podem haver desencontros no modo como a organização se percebe, se reconhece e se comunica. Tal estratégia de alinhamento permite que a organização "fale a mesma língua" entre todos os níveis, os setores e as pessoas no processo de criação da cultura e nos costumes organizacionais. Isso também vale para as mensagens e a entrega de serviços e de negócios envolvendo a empresa, o que deixa claro o caminho a ser percorrido para reafirmar tal identidade diante do mercado.

2.3 Costumes da hospitalidade: cultura e valores organizacionais

Tanto o processo de aprendizagem dos costumes e da cultura local pela empresa quanto o entendimento sobre como esta se vê e se apresenta para os públicos interno e externo mediante a identidade organizacional estão associados ao esforço de assimilar um conjunto de costumes, crenças e valores da comunidade e da organização, respectivamente. Chiavenato (2020, p. 152) corrobora tal visão, definindo *cultura organizacional* ou *cultura corporativa* como "o conjunto de hábitos e crenças estabelecidos por meio de normas, valores, atitudes e expectativas que é compartilhado por todos os membros de uma organização".

No contexto de **cultura organizacional**, ocorrem as interações entre clientes e o pessoal da linha de frente. Isso também se efetiva no ambiente físico, o que, por seu turno, define a identidade organizacional e delimita a reputação da empresa. Estendendo esse entendimento, com base em Fitzsimmons e Fitzsimmons (2014), é possível qualificar a cultura organizacional como:

- um padrão de crenças e expectativas que é compartilhado por todos os membros de uma organização e que molda o comportamento e as relações ocorridas na instituição;
- as tradições e crenças de uma organização que a distinguem de outra e que dão sentido a certa estrutura;
- um sistema de orientações compartilhadas que mantém a unidade coesa, atribuindo-lhe identidade diferenciada.

Schein (1992, citado por Chiavenato, 2020) estabelece três níveis de profundidade de cultura organizacional, a qual se estende desde as estruturas e os processos visíveis até o conjunto de crenças inconscientes e os mais profundos valores e ações.

Figura 2.4 – Três níveis de profundidade da cultura organizacional

Superficial, visível, tangível	**Artefatos**	Estrutura e processos organizacionais visíveis (mais fáceis de decifrar e mudar)
	Valores compartilhados	Filosofias, estratégias e objetivos (justificações compartilhadas)
Profunda, invisível, intangível	**Pressuposições básicas**	Crenças inconscientes, percepções, pensamentos e sentimentos (fontes mais profundas de valores e ações)

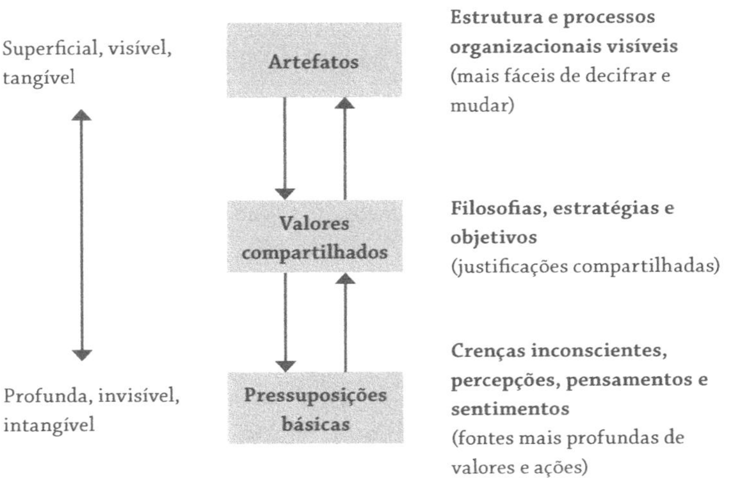

Fonte: Schein, 1992, citado por Chiavenato, 2020, p. 154.

Chiavenato (2020) descreve seis elementos principais da cultura organizacional aos quais é preciso estar atento, quais sejam:

1. **Cotidiano do comportamento observável:** como as pessoas interagem, a linguagem e os gestos utilizados, os rituais, as rotinas e os procedimentos comuns.
2. **Normas:** regras que envolvem os grupos e os seus comportamentos, como nos momentos de lazer, nas refeições, nos dias informais.
3. **Valores dominantes:** elementos defendidos pela organização, como ética, respeito pelas pessoas, qualidade de seus produtos ou preços.
4. **Filosofia administrativa:** visão que guia e orienta as políticas da organização quanto aos colaboradores, aos clientes, aos acionistas e aos demais *stakeholders*.
5. **Regras do jogo:** como as coisas funcionam, o que um novo colaborador deve aprender para sair-se bem e ser aceito como membro de uma equipe.
6. **Clima organizacional:** os sentimentos e as percepções das pessoas e a maneira como elas interagem entre si, com os clientes ou com os elementos externos.

Toda cultura organizacional é baseada em um sistema de valores, que baliza a conduta de toda a empresa em seu dia a dia e guia as reflexões necessárias em todos os processos de tomada de decisão em qualquer cargo ou hierarquia organizacional. Seu propósito é conferir a todos os colaboradores ou anfitriões a compreensão do porquê de fazerem o que fazem, do modo como fazem, do que esperar da empresa e de como devem se comportar nos momentos que a representarem (Castelli, 2016).

Assim, sob o ponto de vista dos empreendimentos hoteleiros, Castelli (2016) ressalta a importância dos valores organizacionais para se alcançar a visão e se cumprir a missão empresarial planejada, relacionando-os aos seguintes tópicos:

- ❖ **Ética:** seguir os preceitos éticos da sociedade.
- ❖ **Respeito:** saber conviver com as diferentes pessoas e suas culturas.
- ❖ **Disciplina:** orientar os colaboradores sobre a convivência em um ambiente formal.
- ❖ **Comprometimento:** estimular os colaboradores a fazer bem-feito aquilo que fazem o tempo todo.

A definição e a adoção de cultura e de valores organizacionais são esforços atinentes à ética e aos bons costumes sociais que podem contribuir para o planejamento da empresa. Potencialmente, são estratégias para engajar os colaboradores, de todos os cargos e níveis hierárquicos, para os momentos da verdade da empresa, durante a entrega de um serviço para um cliente, ou nas relações entre colaboradores ou destes com os demais *stakeholders* – como investidores, fornecedores e parceiros comerciais.

Figura 2.5 – *Continuum* da prática de hospitalidade por princípios e valores éticos

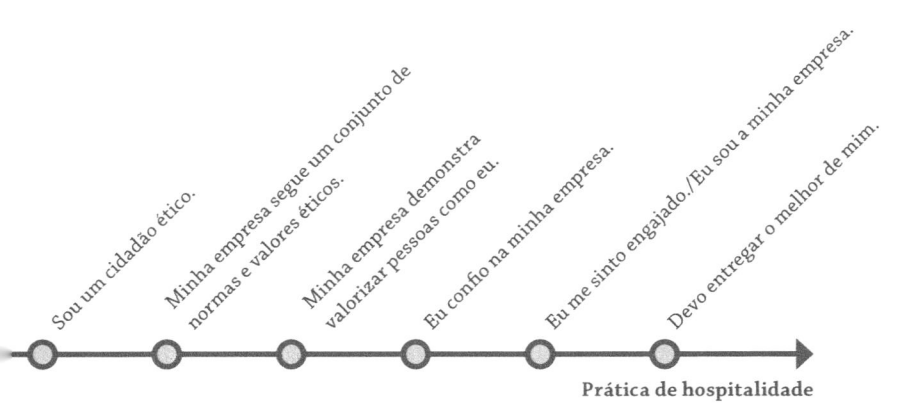

Sou um cidadão ético. → Minha empresa segue um conjunto de normas e valores éticos. → Minha empresa demonstra valorizar pessoas como eu. → Eu confio na minha empresa. → Eu me sinto engajado./Eu sou a minha empresa. → Devo entregar o melhor de mim.

Prática de hospitalidade

Em suma, a hospitalidade de domínio social ou cultural insere-se no contexto da assimilação de princípios e costumes valorizados pela sociedade. Isso se efetiva em empresas que seguem e valorizam indivíduos éticos e que respeitam o bem coletivo e organizacional, sempre dando o melhor de si em todas as oportunidades de interação.

2.4 Anfitrião: características e qualidades da pessoa hospitaleira

A adoção da hospitalidade em serviços tem como prerrequisito certas características da pessoa hospitaleira, chamada também de *anfitrião*. Telfer (2004) e Camargo (2004) consideram que a hospitalidade corresponde a costumes construídos em âmbito familiar, por meio de um conjunto de regras ou rituais não escritos, que conferem ao anfitrião o papel de partilhar espontaneamente seu sustento com o visitante, assumindo a responsabilidade pelo bem-estar integral desse hóspede. Nessa descrição, fica evidenciado que a hospitalidade é dada (não vendida) a convidados; seguindo esse raciocínio, em ambientes comerciais, ela se faz de forma encenada, por existir uma limitação imposta por um pagamento. Em outros termos, estão incluídos no preço pago pelo serviço a atenção, o serviço e o nível de dedicação do colaborador, havendo, portanto, uma motivação monetária para que a hospitalidade seja praticada.

De fato, toda hospitalidade envolve um interesse ou um motivo; desse modo, é necessário refletir sobre quais seriam esses motivos que levam a uma entrega genuína de hospitalidade. Telfer (2004, p. 59) convida à seguinte reflexão: "se a pessoa acolhe por dever, será que está sendo hospitaleira ou está simplesmente fazendo o que deve?". Emerge, então, o seguinte questionamento: O que move um anfitrião, quando seu visitante está presente?

Nessa visão e tendo como base estudos anteriores, Lashley (2015) estabelece um *continuum*, apresentando os motivos de hospitalidade, que se estendem desde as razões mais calculadas até aquelas mais altruísticas.

Figura 2.6 – *Continuum* de hospitalidade

Motivos ocultos de hospitalidade	Contém hospitalidade	Hospitalidade comercial	Hospitalidade recíproca	Hospitalidade redistributiva	Hospitalidade altruística

Fonte: Lashley, 2015, p. 4, tradução nossa.

Por meio deste *continuum*, o autor estabelece tais níveis:

- ❖ **Motivos ocultos de hospitalidade**: estão relacionados a fornecer acomodação, comida e bebida, esperando-se receber benefícios posteriores do hóspede ou visitante.
- ❖ **Contém hospitalidade**: é o oferecimento de hospitalidade por medo ou receio do hóspede. Uma forma de autodefesa.
- ❖ **Hospitalidade comercial**: corresponde ao oferecimento de hospitalidade com a contrapartida do pagamento, sendo ela retirada caso esse pagamento não seja feito.
- ❖ **Hospitalidade recíproca**: trata-se de seu oferecimento quando se espera uma posterior troca de papéis, ou seja, o anfitrião será o hóspede em situação futura.
- ❖ **Hospitalidade redistributiva**: refere-se ao oferecimento de hospitalidade quando não há uma expectativa imediata de retorno ou retribuição.
- ❖ **Hospitalidade altruística**: indica a hospitalidade como um ato de generosidade e benevolência, por desejo genuíno de agradar o outro.

Telfer (2004) declara que o simples fato de a pessoa escolher a área de serviços para trabalhar e construir sua carreira já indica que ela está aberta a oferecer hospitalidade. Segundo esse raciocínio, tal profissional, para além do interesse de garantir seu sustento, tem o desejo de fazer bem ao outro, agradar seu hóspede ou seu cliente, entregar seu conhecimento e seu esforço em prol do bem do próximo. O desejo altruístico de hospitalidade, portanto, envolve características e qualidades pessoais que ultrapassam a disposição de entregar um bom serviço tendo em vista o reconhecimento pelo serviço realizado ou o recebimento em dinheiro por seu desempenho; conforme Lashley (2015) e Telfer (2004), ele está ligado ao desejo de:

- ❖ agradar os outros – decorrente de simpatia geral, de benevolência, de afeição, de preocupação ou de compaixão;
- ❖ conhecer as necessidades do outro;
- ❖ animar ou ajudar aqueles que estão com problemas;
- ❖ ter companhia ou fazer amigos;
- ❖ entreter ou oferecer um passatempo.

A inserção dessas qualidades ou características na empresa depende de colaboradores que se sintam anfitriões no contexto em que estão inseridos. Ademais, esses profissionais precisam ter claro que a busca da empresa não está na troca de serviços por dinheiro, mas, sim, na troca de experiências, na qual o visitante não é apenas um cliente, mas um hóspede.

Nesse contexto, Selwyn (2004) mostra que os cuidados de hospitalidade potencializam a criação ou o estreitamento de laços de amizade, proporcionando a aproximação entre pessoas e uma relação contínua baseada em confiança, respeito mútuo e cuidados entre anfitrião e hóspedes. No contexto de serviços, isso potencializa a fidelização do cliente, haja vista que o visitante confiará em seu anfitrião, ao ponto de buscá-lo (e não a concorrência) sempre que os serviços desenvolvidos por este forem novamente necessários.

O recrutamento de colaboradores hospitaleiros orienta-se pelo intento de ampliar as experiências de hospitalidade no cotidiano. Isso deve ser feito sem se perder de vista que todos os relacionamentos, dentro e fora da empresa ou do empreendimento, têm de ser pautados nos princípios de hospitalidade, construindo-se espaços de aceitação e acolhimento. Aprofundaremos essa temática na seção a seguir.

2.5 Construção de espaços e momentos de hospitalidade

Para Grinover (2009, p. 6), a hospitalidade implica um ritual de acolhimento do outro em um espaço: "acolher o outro significa, então, aceitá-lo e recebê-lo no lugar onde nos encontramos: na nossa casa, na nossa cidade, colocando à disposição do outro o melhor de nós: o melhor do que possuímos como anfitriões".

Portanto, hospitalidade denota aceitação, acolhimento, entrega do melhor de si para o outro, seja em ambiente doméstico, seja em ambiente público. Um espaço se torna "de hospitalidade" quando há aceitação, quando há acolhimento e quando o visitante se sente protegido ou seguro por seu anfitrião.

A hospitalidade concentra-se nas relações humanas, na percepção de aceitação, de cortesia, de acolhimento, de segurança, do não julgamento, da predisposição em ajudar ou servir o outro. Isso se dá no espaço onde o visitante se acomoda, se aquece, se alimenta e se entrete, utilizando-se dos bens e das instalações compartilhadas por seu anfitrião. Desse modo, quanto mais bens cedidos ou compartilhados, quanto mais serviços oferecidos ou entregues, quanto mais segurança ou esforço para seu bem for percebido, maior e mais memorável será sua sensação de hospitalidade, o que o motivará, a retribuí-la de algum modo posteriormente.

No entanto, cada espaço ou contexto em que transcorre a hospitalidade guarda *nuances* ou aspectos característicos de ações ou de disponibilizações de bens e serviços. O espaço pode ser a casa de um anfitrião, um local público urbano, um estabelecimento comercial, desde que existam pessoas realmente preparadas e motivadas para tal. A hospitalidade, portanto, como temos reiterado, é um costume social e cultural; é aprendida, sobretudo, no convívio familiar e praticada em diferentes contextos da vida social ou de relacionamento humano. Ela permite que o anfitrião faça parte desse ambiente ou que se sinta aceito e acolhido, para que, por sua vez, aceite, acolha e sirva aquele que chega.

Desse modo, em contexto comercial, ter colaboradores como "anfitriões" se justifica, pois o cliente/hóspede, durante um serviço, está sob a responsabilidade desse colaborador. Para que o serviço seja entregue com qualidade, esse profissional precisa sentir autonomia, liberdade, confiança e aceitação para oferecer não apenas atenção relativa aos aspectos comerciais dos serviços, mas também hospitalidade e cuidados sinceros ao hóspede (Castelli, 2016). Em acréscimo, este precisa se sentir aceito, acolhido ou parte da comunidade empresarial, para se ver como um "anfitrião" e oferecer hospitalidade a seus hospedes/clientes e a seus colegas colaboradores.

Sendo assim, convém assinalarmos que não basta oferecer hospitalidade ao cliente ou ao hóspede, é preciso dedicá-la também aos colaboradores. Cada funcionário, por ser parte da comunidade organizacional, deve sentir que a organização em que atua é uma extensão de sua casa; isso aumenta a motivação para entregar hospitalidade ao outro que chega.

2.5.1 Empresa como espaço de hospitalidade para os colaboradores

Sobretudo em ambiente comercial, a hospitalidade não é uma relação "automática", ou seja, não se espera que a hospitalidade aconteça por si, sem preparação. É necessário que o anfitrião se sinta motivado e condicionado para tal. Dito de outro modo, é crucial que se sinta anfitrião em seu espaço, que se sinta inserido e seguro para executá-la e que haja uma aceitação ou um respeito mútuo dos demais anfitriões para que seu papel simbólico seja mantido e reafirmado.

A fim de manter essa relação em ambiente organizacional, é imperioso o engajamento de todos os colaboradores para a hospitalidade; e isso, reforçamos, deve acontecer primeiramente entre eles. Para isso, a empresa deve promover e permitir a construção de boas relações entre colaboradores em sua infraestrutura física, favorecendo o calor humano e as relações de confiança, em busca de um clima organizacional positivo no cotidiano de trabalho. Chiavenato (1999, p. 126) descreve o clima organizacional, destacando a importância de se garantir esse ambiente, como:

> O conjunto de sentimentos predominantes numa determinada empresa e envolve a satisfação dos profissionais tanto com os aspectos mais técnicos de suas carreiras e trabalho quanto aspectos afetivos/emocionais, refletindo em suas relações com os colegas de trabalho, com os superiores e com os clientes de modo geral. É a tendência de percepção que os membros de uma organização possuem a respeito de seu grau de satisfação em relação ao conjunto ou a determinada característica desta organização.

Um clima organizacional salutar se traduz na positividade, na presença da receptividade, do calor humano, do humor. Esse ambiente estimula o engajamento em todos os ambientes de trabalho, especialmente na interação com o cliente – porque se trata do momento em que um colaborador representa a empresa. Portanto, é nesse ato que ele pode fazer seu melhor no atendimento como forma de retribuição à hospitalidade que recebe da empresa. Já um clima organizacional negativo, baseado na rejeição, na frieza em relações, no distanciamento, leva à frustração do colaborador e à insatisfação no dia a dia de trabalho, resultando em atendimentos ruins ou em inospitalidade no trato com o cliente.

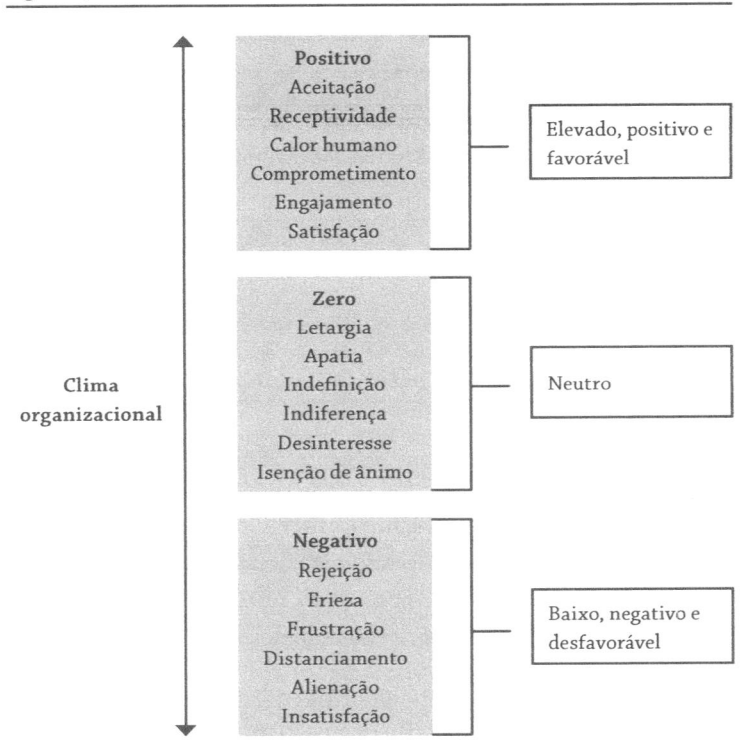

Figura 2.7 – *Continuum* de níveis do clima organizacional

Clima organizacional	Nível	Avaliação
	Positivo Aceitação Receptividade Calor humano Comprometimento Engajamento Satisfação	Elevado, positivo e favorável
	Zero Letargia Apatia Indefinição Indiferença Desinteresse Isenção de ânimo	Neutro
	Negativo Rejeição Frieza Frustração Distanciamento Alienação Insatisfação	Baixo, negativo e desfavorável

Fonte: Chiavenato, 2020, p. 158.

A criação de um clima organizacional favorável bem como a predisposição para o relacionamento humano baseado em hospitalidade dependem da busca pela satisfação no trabalho, para que o envolvimento e o comprometimento organizacional afetivo sejam alcançados.

Nesse sentido e sob o ponto de vista da psicologia no trabalho, conforme ilustra a Figura 2.8, a teoria sobre as atitudes no trabalho demonstra que estas são uma rede de sentimentos, de crenças e de tendências que pode levar o colaborador a agir de forma positiva (ou negativa, quando não observadas) perante outras pessoas ou grupos (Gondim; Siqueira, 2014).

Figura 2.8 – Teoria sobre atitudes no trabalho

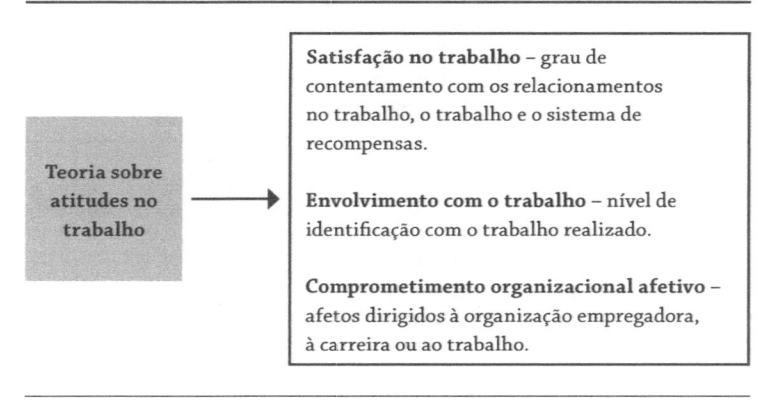

Teoria sobre atitudes no trabalho ⟶

Satisfação no trabalho – grau de contentamento com os relacionamentos no trabalho, o trabalho e o sistema de recompensas.

Envolvimento com o trabalho – nível de identificação com o trabalho realizado.

Comprometimento organizacional afetivo – afetos dirigidos à organização empregadora, à carreira ou ao trabalho.

Fonte: Gondim; Siqueira, 2014, p. 301.

Essas três atitudes, ou sentimentos afetivos, são resultados que levam em conta antecedentes organizacionais pautados em segurança, relacionamento, reconhecimento, retribuições, entre outros aspectos. A seguir detalhamos cada um deles:

1. **Satisfação no trabalho**: percepção de suporte organizacional, percepção de justiça no trabalho.
2. **Envolvimento com o trabalho**: fatores de personalidade do trabalhador, características do líder, características do cargo, papéis organizacionais.
3. **Comprometimento organizacional afetivo**: justiça de procedimentos, suporte de chefias, retribuições organizacionais.

De modo geral, o indivíduo carece desse suporte organizacional, que deve ser integrado a aspectos motivacionais relacionados ao clima organizacional de reconhecimento, de aceitação, de calor humano e até mesmo a perspectivas de desenvolvimento profissional. Isso é muito relevante para que se garanta a hospitalidade e a sociabilização tanto na base (com os colegas de trabalho e com a organização) quanto na entrega do serviço (no momento da verdade, com o cliente).

Observados os aspectos atrelados à investidura do papel do anfitrião no colaborador, a criação de momentos e espaços para a hospitalidade com o cliente se pauta pelo trabalho e integração do coletivo. Isso é alcançado por meio do engajamento das pessoas que compõem a organização, todos estando cientes e devidamente preparados e motivados para executar seus respectivos serviços.

2.5.2 Empresa como espaço de hospitalidade para os visitantes

Como temos explicitado, a criação de espaços de hospitalidade, na ótica dos visitantes, envolve os sentimentos de aceitação, receptividade, calor humano e segurança, livres de qualquer traço de hostilidade ou agressividade. Na acolhida em contexto organizacional, espera-se que o colaborador desempenhe papel de anfitrião, buscando compreender e entregar aquilo que seus clientes, ou visitantes, desejam. Isso permite estabelecer um relacionamento aberto às possíveis experiências positivas do serviço.

Com base nos conceitos da hospitalidade em ambiente doméstico, um espaço de hospitalidade é um espaço amigável, onde tanto anfitriões quanto hóspedes buscam se presentear como sinal de respeito e apreciação, entre outros aspectos que são apresentados por Lashley (2008) e Nouwen (1975):

- ❖ **Espaço livre e amigável**: cria-se um espaço físico, emocional e espiritual para o estranho.
- ❖ **O estranho se torna um hóspede**: trata-se um estranho como hóspede e um amigo em potencial.
- ❖ **Hóspede protegido**: oferece-se um santuário ao hóspede.
- ❖ **O anfitrião dá presentes**: o anfitrião acolhe o hóspede, providenciando o melhor presente possível.

❖ **O hóspede dá presentes**: o hóspede retribui e dá presentes ao anfitrião.
❖ **Todos os hóspedes são importantes e presenteados**: o anfitrião valoriza o hóspede e ganha valor com ele.
❖ **Aceitação, não hostilidade**: especialmente os tipos de hostilidade sutil, em que os estranhos são objeto de zombaria ou são colocados em situações embaraçosas.
❖ **Compaixão**: hospitalidade é basicamente um senso de compaixão.

Lugosi (2009) aponta que a noção de hospitalidade não é útil apenas para pensar no acolhimento de estranhos. Ela é igualmente válida para compreender as relações contínuas entre indivíduos pelo espaço, as ações ou os sinais de inclusão (ou exclusão) do outro por meio de tais relações, além dos processos materiais e representacionais. Em Montandon (2011), a hospitalidade é também apresentada como uma forma de se pensar e se organizar o espaço, incluindo características arquitetônicas, assim como os objetos ou bens inseridos em seu interior, para oferecer conforto ao visitante e, assim, favorecer o relacionamento humano e a sensação de segurança e acolhimento.

A compreensão dos aspectos relacionados à organização do espaço e às possibilidades geradas para o relacionamento humano e para a hospitalidade pressupõe referências do, já citado, pacote de serviços de Fitzsimmons e Fitzsimmons (2014). Nesse sentido, a organização do espaço destinada a relações de hospitalidade parte dos conceitos dos serviços implícitos, em que as emoções são alcançadas por meio do encantamento, inserindo fatores e aspectos adicionais aos serviços, a fim de criar experiências diferenciadas, de proximidade e de calor humano.

Vale refletir, além disso, sobre a participação dos demais clientes na construção de um espaço de hospitalidade, reconhecendo-se que a aceitação e a inclusão de visitantes dependem de todos os presentes. Por essa razão, Lugosi (2009) chama atenção para a necessidade de se empenhar na construção de interesses e de identidades compartilhadas. Por conseguinte, a organização do espaço – bem como da identidade, das características do serviço, da imagem e do posicionamento de mercado da empresa – resulta em segmentação de público, levando em conta suas características – como hábitos, proveniência, interesses em serviços, idade, gênero, necessidades específicas etc. Isso, por seu turno, confere ao espaço um caráter de extensão de comunidades, que se unem por interesse, por características pessoais ou por gostos semelhantes, muitas vezes causando a predisposição para a interação e a aproximação entre pessoas. Esse é o momento propício para estabelecer vínculos de amizade entre os clientes e entre estes e os anfitriões.

A criação de identidade em um espaço torna-se mais um ponto de aprendizagem ou de atração de aspectos sociais ou culturais de hospitalidade para uma organização. Contudo, a identidade e o posicionamento da empresa, bem como a organização do espaço para o serviço, não denotam uma diminuição de esforços para inclusão, mesmo daqueles que não fazem parte da segmentação de público que busca por este serviço, pois é aí que a hospitalidade mais será oportuna para se conhecer o outro.

2.6 ANÁLISE DE CASOS, REFLEXÕES E CONSIDERAÇÕES FINAIS

A seguir, comentamos sobre a cultura organizacional do Twitter, com base nas teorias de hospitalidade de domínio social ou cultural, além dos relacionamentos e do espaço aberto à interculturalidade nos *hostels*, como espaço de hospitalidade.

Ao final, proporemos uma reflexão sobre como aplicar esses conceitos e como contribuir para a criação de um espaço mais aberto às diversidades e à hospitalidade.

2.6.1 Cultura organizacional e hospitalidade entre colaboradores no Twitter

O Twitter é um dos grandes exemplos contemporâneos de cultura organizacional. A empresa conta com uma equipe que reflete sobre as relações internas da empresa, classificada como Interseccionalidade, Cultura e Diversidade (ICD). Esta visa atrair para a instituição culturas diferenciadas e vasta diversidade de pensamentos e características por meio de seus colaboradores, em um caminho de inclusão e aceitação, para a criação de um espaço livre de preconceitos e o compartilhamento da hospitalidade entre os colegas.

Seguindo esse conceito de *cultura*, em setembro de 2017, o Twitter lançou a estratégia *Grow Together* com o intuito de estimular o respeito, as conexões humanas mais profundas, bem como as interações entre os indivíduos e as equipes na organização. A ideia era que isso potencialmente resultaria em uma força de trabalho mais inclusiva e diversificada (Twitter, 2020b). Tendo isso em vista, a organização destaca a diversidade de seus colaboradores, advindos de diferentes comunidades de todo o mundo, característica consoante com a internacionalidade da empresa. Dessa forma, a empresa estimula a manutenção de um local de trabalho inclusivo e respeitoso, no qual seus colaboradores possam ser quem são, de acordo com seus costumes, características e objetivos.

As preocupações relacionadas à aceitação, à inclusão e ao respeito às individualidades, como abordado neste capítulo e constante também nas teorias de hospitalidade, direcionam para a criação ou a concepção de ambientes mais abertos a todos que fazem parte da organização, proporcionando, ainda, relações baseadas em hospitalidade. Ressaltamos que um ambiente de aceitação, além de motivar o colaborador a entregar o melhor de si em seu dia a dia, fomenta a **inovação orgânica** – que é a inovação no cotidiano do trabalho mediante interações sociais frequentes, incentivado cada um a contribuir com suas características e seus costumes, de modo a somar com o coletivo.

Para estimular essas interações sociais na organização, o Twitter forma grupos de afinidades e grupos de recursos de negócios. A seguir detalhamos cada uma dessas categoriais:

❖ **Grupos de afinidades**: apoiam os valores da organização e criam uma cultura mais inclusiva. Esses grupos incluem colaboradores que se reúnem no Twitter com base em interesses, características compartilhadas, experiências de vida etc., para a organização de eventos e a promoção da conscientização sobre temas e interesses diversos, como discussões sobre políticas governamentais e industriais, eventos relacionados à fé dos colaboradores, apoio a parentes em momentos difíceis, entre outros.

❖ **Grupos de recursos de negócios**: apoiam os valores e os objetivos de negócios do Twitter, assim como os compromissos de se criar uma empresa globalmente mais inclusiva e diversificada. Assim, esses grupos focam em estreitar relações entre colaboradores latinos e asiáticos, por exemplo, em apoiar a comunidade LGBTQIA⁺ (lésbicas, *gays*, bissexuais, transgêneros, *queers*, interssexuados, assexuados), entre outras propostas.

Dessa forma, além de essas pessoas encontrarem um lugar adequado e digno de trabalho, veem nesse ambiente um local capaz de fazê-los sentir seguros e incluídos por meio da percepção da hospitalidade e da sensação do calor humano, do acolhimento, do sentimento de que essa empresa aceita suas características e valoriza suas particularidades.

2.6.2 A hostelaria – espaço de hospitalidade e de multiculturalidade

A hostelaria é um modelo de hospedagem baseada no compartilhamento de quartos entre hóspedes, acomodando, por meio de beliches ou mais camas no mesmo ambiente, hóspedes ou grupos de hóspedes diversos, conforme se observa na Figura 2.9, a seguir. Por esse motivo, os valores de hospedagem em um *hostel* costumam ser mais baixos do que em um hotel convencional, justamente por não se pagar por quarto, mas por cama.

Figura 2.9 – Quarto de um *hostel*

Edvard Nalbantjan/Shutterstock

Por ser um tipo de hospedagem em quartos coletivos, às vezes dividido em quartos femininos e quartos masculinos, a hostelaria atraiu inicialmente o público jovem, que buscava viajar pagando um valor mais baixo pelos serviços de hospedagem e procurava educação cultural por meio das viagens. Por esse motivo, esses espaços são conhecidos no Brasil como "albergues da juventude" (Lobo; Oliveira; Guizi, 2017).

Justamente porque o público tende a ser composto de jovens viajantes, geralmente em férias e mais abertos a momentos de lazer e descontração, os *hostels* facilitam a interação entre os hóspedes e a criação de laços de amizade entre eles, seja nos dormitórios, seja nos espaços da recepção (Figura 2.10). Esses recintos são caracteristicamente amplos, contendo bares e cozinhas coletivas, com a disponibilização de bens e móveis para descanso ou para jogos que envolvam a participação de mais pessoas, como sinuca, cartas, pingue-pongue, entre outras atividades.

Figura 2.10 – Recepção de um *hostel*

Elnur/Shutterstock

Nesse campo de hospedagem, a Hostelling International (2020), organização sem fins lucrativos que age na promoção de *hostels* pelo mundo (incluindo propriedades no Brasil), categoriza as acomodações em níveis de qualidade das hospedagens.

À medida que esse modelo de hospedagem passou a ser mais conhecido, seu público também se diversificou, a ponto de se difundir por vários países, ampliando a variedade do perfil dos hóspedes, incluindo, por exemplo, outras faixas etárias. Desse modo, a diversidade do público que frequenta um *hostel* e a visão de como esse lugar recebe e se relaciona com os diversos públicos que o visitam – que podem ser de diversas partes do mundo – evidenciam que nesses empreendimentos se adotam os princípios de hospitalidade. Afinal, trata-se de um tipo de hospedagem que pratica a multiculturalidade, com possibilidades de novas amizades, oferecendo um serviço por um preço justo.

Nesse percurso, seus colaboradores são preparados para o atendimento e a interação com público de diversas culturas e características, fomentando um conhecimento mais aprofundado sobre diversidades. Isso os capacita continuamente a respeitar as individualidades e a atuar seguindo uma conduta aceita internacionalmente, buscando entregar o máximo da percepção de inclusão, de segurança e de hospitalidade.

2.6.3 Síntese e reflexões

Tendo como base os conceitos da hospitalidade analisados sob o ponto de vista do domínio social ou cultural de Lashley (2000, 2004), convidamos o leitor a se fazer os seguintes questionamentos sobre a prática da hospitalidade em contexto de prestação de serviço:

- ❖ O que e como seria um espaço de hospitalidade no setor em que eu atuo?
- ❖ Quais características fundamentais um anfitrião deveria ter no setor em que eu atuo?
- ❖ De que forma as empresas desse setor poderiam preparar um espaço e relações entre seus colaboradores orientados pela hospitalidade?
- ❖ De que forma uma empresa do setor em que atuo poderia entregar um espaço de hospitalidade para seus clientes?
- ❖ Como eu, refletindo como um empreendedor, poderia estabelecer relações de hospitalidade com meus colaboradores/anfitriões e com os meus clientes/hóspedes?

Está evidente que as reflexões em hospitalidade são abrangentes, pois implicam na construção de ambientes e proporcionam boas relações cotidianas que levam em conta o calor humano, o respeito, a aceitação e a inclusão dos envolvidos. No entanto, temos de frisar que essas relações resultam de uma gestão integrada e comprometida com o bem-estar coletivo e com a motivação dos colaboradores, para que estes se tornem anfitriões do local onde trabalham.

Dragon Images/Shutterstock

3

Experiências em hospitalidade no domínio comercial

O domínio comercial da hospitalidade corresponde aos processos de planejamento e de entrega da hospitalidade por meio de serviços. De forma conceitual, Lashley (2004) refere-se a esse domínio como a entrega de hospitalidade mediante serviço para obtenção de lucro, conforme características do mercado ou da atividade desempenhada pelos colaboradores.

Nos capítulos anteriores, explicamos que a hospitalidade é um costume que se desenvolveu concomitantemente à evolução do homem, tendo como suporte um conjunto de regras tácitas que levam em conta os princípios da ética e que, portanto, fazem-se potencialmente presentes em todos os relacionamentos humanos. Com o desenvolvimento da humanidade, nasceram também as relações comerciais. A hospitalidade – que, no passado, apoiava-se na cessão de hospedagem, de alimentos, de bebidas e até mesmo de entretenimento, nas casas de anfitriões, em espaços públicos ou religiosos – passou a integrar ambientes comerciais, concomitantemente ao crescimento do número de viagens, por conta dos novos modais de transportes. Foi nessa conjuntura que surgiram os primeiros hotéis e hospedarias. Da mesma maneira, conforme a população nas cidades experimentou crescimento vertiginoso, resultado das migrações humanas em direção às cidades, multiplicaram-se as necessidades de novos serviços, compondo paulatinamente o complexo mercado atual (Camargo, 2004).

Contudo, devemos assinalar, há diferenças conceituais entre a hospitalidade praticada em ambiente doméstico e aquela praticada em contexto comercial. Essa distinção é apresentada por Lashley, Lynch e Morrison (2007) na Figura 3.1. Nesse esquema, está demonstrado que as trocas entre anfitriões e hóspedes em ambientes domésticos envolvem inclusão ou exclusão do outro, haja vista que compete ao anfitrião decidir ou não oferecer hospitalidade ao possível visitante. Do mesmo modo, cumpre a ele a preparação do espaço, para que essas relações ou cessões aconteçam. Já o ambiente comercial não permite ao anfitrião escolher ou ter a liberdade de "excluir" aqueles a quem não se deseja oferecer a hospitalidade, pois todos os clientes são importantes e, assim, precisam ser atendidos da melhor forma possível. Desse modo, o ambiente comercial requisita a *performance* constante do anfitrião na entrega dos serviços contratados, o que deve ser estruturado em um conjunto de regras e de políticas da empresa, assim como nas leis de defesa do consumidor do país em questão.

Figura 3.1 – Lentes conceituais de hospitalidade

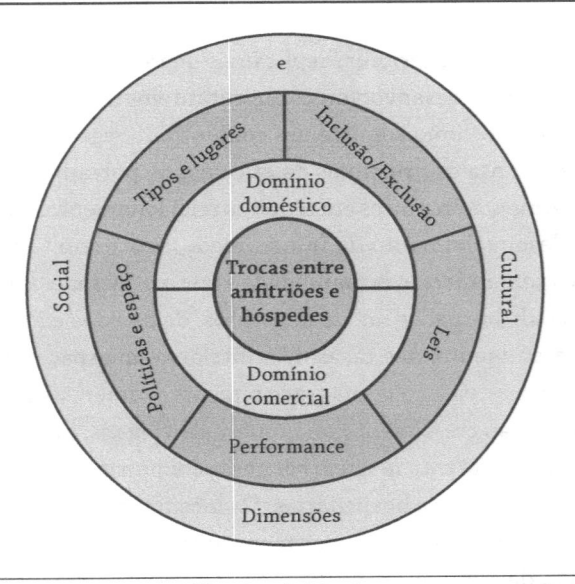

Fonte: Lashley; Lynch; Morrison, 2007, p. 175, tradução nossa.

Conforme explicitamos no Capítulo 2, todos os momentos e os costumes de hospitalidade são direcionados por um conjunto de normas sociais e culturais, por conta de a hospitalidade se referir aos costumes da entrega, do auxílio, do acolhimento ético e do respeito mútuo entre anfitriões e visitantes. Contudo, cada espaço, país ou cultura tem seus costumes, cujas relações são permeadas por certas especificidades.

Em um ambiente de diversidade de serviços, de competição entre empresas, a hospitalidade, intrínseca aos atos de relacionamento humano, configura-se como estratégia para se obter vantagem competitiva. Isso ocorre porque a aproximação entre colaboradores e clientes, para a empresa, é um meio para ultrapassar barreiras e estabelecer pontes, seja com os clientes atuais, seja com os clientes em potencial, inscrevendo a organização no cotidiano das pessoas de forma geral.

Considerando esse contexto, neste capítulo, analisaremos os conceitos de hospitalidade sob o ângulo da **vantagem competitiva** e da **gestão de serviços**. Esta última, conforme Tideman (1983) e Brotherton e Wood (2004), refere-se ao método de produção de bens e serviços para atendimento máximo das necessidades dos clientes, respeitando-se a qualidade desejada e um preço aceitável. Para isso, aprofundaremos nossas reflexões relacionadas à concepção e à entrega de serviços, assim como sobre os métodos de relacionamento e à construção de valor. Decidimos percorrer esse caminho porque todos os processos de planejamento da empresa e dos serviços precisam ser pautados nos mais elevados níveis de qualidade e na constante busca das relações baseadas em hospitalidade.

3.1 CARACTERÍSTICAS DE HOSPITALIDADE NA ENTREGA DE SERVIÇOS

A hospitalidade, em contexto comercial, é explicada por Brotherton e Wood (2004) como uma **atividade que envolve uma troca**, a qual pode ser econômica, social ou psicológica por natureza. Ela ocorre por meio de uma série de combinações de elementos tangíveis e intangíveis cuja proporção varia conforme a situação, podendo ser provida e consumida por diferentes motivos que gerem benefícios mútuos, tanto para quem consome, quanto para quem entrega. Esses especialistas exemplificam tais tópicos mediante a Figura 3.2. Nela, é possível observar que a hospitalidade é uma troca humana simultânea, pois, assim como os serviços, é consumida ao mesmo tempo em que é praticada ou oferecida. Todavia, a hospitalidade diferencia-se dos serviços, por ser voluntária e praticada com a ajuda de desejos altruísticos para beneficiar e oferecer o melhor do anfitrião ao outro, a fim de que, de fato, seja percebida.

Por fim, a hospitalidade é **mutuamente benéfica**, já que não apenas o visitante se beneficia da hospitalidade, mas também o anfitrião. Em outras palavras, os benefícios psicológicos da execução de um bom serviço ou da criação de laços fortes de amizade com o outro causam efeitos desejáveis de satisfação também para aquele que a pratica.

Figura 3.2 – As dimensões da hospitalidade

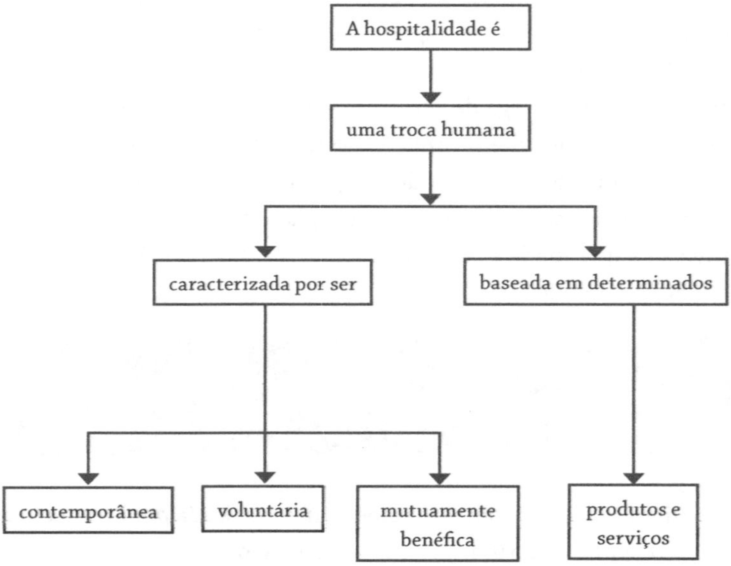

```
                    ┌─────────────────────┐
                    │  A hospitalidade é  │
                    └──────────┬──────────┘
                               ▼
                    ┌─────────────────────┐
                    │  uma troca humana   │
                    └──────────┬──────────┘
                    ┌──────────┴──────────┐
                    ▼                     ▼
         ┌────────────────────┐  ┌──────────────────────┐
         │ caracterizada por ser │ │ baseada em determinados │
         └──────────┬─────────┘  └───────────┬──────────┘
          ┌────────┼────────┐                │
          ▼        ▼        ▼                ▼
    ┌──────────┐┌─────────┐┌──────────┐┌───────────┐
    │contemporânea││voluntária││mutuamente││produtos e │
    │          ││         ││ benéfica ││ serviços  │
    └──────────┘└─────────┘└──────────┘└───────────┘
```

Fonte: Brotherton; Wood, 2004, p. 203.

Na literatura em língua inglesa, a hospitalidade é associada quase exclusivamente ao mercado da hotelaria e de alimentos e bebidas, sendo adotada apenas como sinônimo de acomodação e acolhimento. No entanto, as práticas de hospitalidade denotam que sua entrega vai além da provisão da hospedagem e da alimentação em seus respectivos mercados. Afinal, sempre que um cliente está sob responsabilidade de um colaborador, ele é visto como um hóspede da empresa a qual frequenta ou da qual depende, sendo responsabilidade desta entregar, para além do serviço, segurança e conforto.

King (1995, citado por Mulins, 2004) descreve a hospitalidade mencionando rituais sociais, que envolvem a chegada e os serviços oferecidos com segurança, gentileza, conforto, bem-estar e, por fim, atendimento e satisfação das necessidades e dos desejos do hóspede/cliente. Esse entendimento está esquematizado na Figura 3.3, a seguir.

Figura 3.3 – Modelo de hospitalidade

- Rituais sociais: Chegada
- Serviço oferecido: Segurança, conforto e bem-estar
  Atendimento e satisfação das necessidades e dos desejos
  Gentileza (valor)
- Partida

Suporte organizacional ↔ Administrador-empregado ← Hospitalidade → Hóspede-cliente

Suporte organizacional:
- Sistema de prestação de serviço
- Estipulação dos recursos necessários
- Ambiente seguro
- Pesquisa de mercado de acordo com as necessidades e expectativas do cliente
- Capacitação do administrador-empregado
- Hospitalidade ao administrador-empregado

Administrador-empregado:
- Deferência, formalidade
- Polidez e aptidão social
- Compreensão dos desejos e das expectativas do cliente
- Conhecimento da atividade para executar o serviço

Hóspede-cliente:
- Participação do hóspede nos rituais sociais de prestação de serviço

Outros hóspedes-clientes

Fonte: King, 1995, p. 230, citado por Mulins, 2004, p. 24.

Todavia, conforme vimos expondo neste livro, a hospitalidade demanda um *background* apropriado, ou seja, uma preparação e um planejamento adequado do ambiente, bem como a preparação do administrador e dos colaboradores. Isso porque a hospitalidade não deve ser oferecida de forma "forçada" ou como parte de uma obrigação, mas com fluidez e de forma natural.

É essencial, ainda, a **pesquisa de mercado**, já que esta tem o potencial de fornecer ao colaborador informações importantes sobre como a atividade desempenhada deve ser entregue, as preferências no trato com os clientes e os aspectos valorizados por estes, entre outros critérios. Para isso, em determinados serviços ou organizações, é preciso identificar ou segmentar os clientes segundo suas expectativas conforme os aspectos formadores da organização (missão, visão, valores etc.). Dessa forma, as relações prévias estabelecidas com potenciais clientes podem embasar as interações futuras, fundamentadas em confiança, segurança e respeito. O propósito aí é desenvolver a hospitalidade de forma fluida, diferentemente daquela hospitalidade calculada que se encontra em organizações onde essa interação é "exigida", mas não motivada.

Ao final, as informações fornecidas e a **participação do cliente** no processo de entrega do serviço possibilitam uma nova compreensão de valor ao serviço prestado. Nessa nova perspectiva, a busca da hospitalidade na prestação do serviço não se restringe à mera entrega daquilo que foi adquirido mediante valor monetário; ela abarca um envolvimento emocional do cliente com a empresa, forjando novos conceitos e níveis de valor. É sobre essa temática que trataremos na seção a seguir.

3.2 HOSPITALIDADE EM DOMÍNIO COMERCIAL COM VISTAS À VANTAGEM COMPETITIVA

Para esclarecer de que modo a hospitalidade confere vantagem competitiva às organizações, temos de enfatizar que a vantagem competitiva depende de características ou atributos de uma organização que proporcionam certa superioridade sobre seus concorrentes imediatos (Rocha; Goldschmidt, 2010). Porter (1985) explica que a vantagem competitiva resulta do valor que a empresa cria para seus clientes; desse modo, a formulação de uma estratégia competitiva é fundamental para uma organização, visando a alcançar uma posição única e valiosa (Correia; Gimba, 2009).

Entre as estratégias competitivas, encontra-se aquela apoiada sobre a eficácia operacional, que parte de uma análise detalhada de processos. Esta se presta a identificar competências essenciais da organização e a melhorar o conjunto de atividades da organização – o qual abarca desde as relações com fornecedores, os ciclos de produção e de planejamento, até a entrega ao cliente (Correia; Gimba, 2009; Porter, 1985).

Desse modo, a hospitalidade voltada à vantagem competitiva se soma ao conjunto de processos de entrega de valor aos clientes e a todos os *stakeholders*, já que busca estabelecer relacionamentos de longo prazo e entregar experiências mediante serviços e negócios. Com isso, estabelecem-se estratégias de interação, com o objetivo de diferenciá-la de sua concorrência, conferindo credibilidade, confiança e segurança à marca, o que resulta em reconhecimento e reputação.

Emana, então, a importância da criação, da cocriação e da entrega de valor por meio da hospitalidade, as quais são baseadas em um sistema de ganhos mútuos em todos os momentos de verdade (consultar Seção 1.4), para que se alcance a vantagem competitiva em uma organização. É igualmente relevante compreender como esse processo de entrega de valor aos clientes se insere no processo de desenvolvimento de diferenciais inovadores descritos por Prahalad e Ramaswamy (2004), sendo um dos processos basilares de competição pelo futuro e por uma posição mais sustentável em mercado.

3.2.1 Gestão de experiências em hospitalidade

No modelo de domínios da hospitalidade de Lashley (2004), conforme apresentado na Figura 1.4 (Capítulo 1), é possível observar que existe uma intersecção entre todos os domínios de hospitalidade, a qual o autor descreve como o ponto onde as experiências de hospitalidade são geridas. Isso tem sido tema de estudos diversos servindo ao intuito de se investigar quais são essas experiências, quais são as características delas e de que forma é possível transmiti-las para os consumidores.

Quadros (2011) entende que a hospitalidade de domínio comercial é resultado das inserções de conceitos de hospitalidade de domínio privado e social (conforme ilustra a Figura 3.4). Estes se referem aos hábitos incorporados na vida social dos colaboradores, de modo que a hospitalidade em ambiente comercial não se restringe às entregas de serviços, mas se estende à promoção de experiências e momentos diferenciados.

Figura 3.4 – Modelo de relações entre os domínios da hospitalidade na intersecção entre os domínios privado e social e o comercial

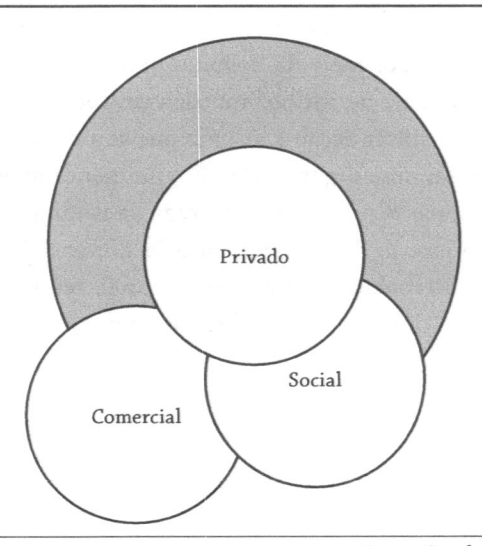

Fonte: Quadros, 2011, p. 54.

Para o autor, o primordial é a orientação, por parte do empreendimento, de suas atitudes, não tratando o consumidor como simples hóspede ou cliente, mas como um convidado. Isso confere às relações o sentido da hospitalidade, ou seja, o desejo e a disposição do colaborador para a receptividade genuína.

> Sentir-se bem é uma questão bastante relativa. A percepção, por parte do fornecedor de serviços, de que um conjunto de instalações propicie condições para que o hóspede/cliente sinta-se [sic] inclinado à interação é um erro conceitual sobre o significado da hospitalidade. É necessária, antes de qualquer coisa, a motivação à hospitabilidade[1] por parte dos fornecedores de serviços. É importante ressaltar o papel das instalações na percepção da acolhida, mas a composição humana e suas atitudes e comportamentos trazem "vida" às instalações, e esta "vida" é evidenciada pelo desejo de receber pessoas e trazer ao visitante a importante personalização, ao máximo possível, do domínio social. (Quadros, 2011, p. 55)

Por sua vez, Teng (2011) descreve, em seu modelo de hospitalidade comercial, que a interação entre colaboradores e clientes/hóspedes se baseia não só nas características do ambiente, mas também em conhecimentos, comportamentos, habilidades e aspectos culturais, além das necessidades e expectativas das pessoas envolvidas. Esse conjunto de elementos é que permite estabelecer um ambiente mútuo de criação de experiências.

[1] Aqui, vale apontarmos uma diferença conceitual sobre dois termos: *hospitalidade* é o ritual do acolhimento e dos cuidados com as necessidades do outro, ou o ato de acolher e aceitar o outro; *hospitabilidade*, por sua vez, tem a ver com o indivíduo, com a pessoa hospitaleira, é a disposição das pessoas de bem receberem, sem qualquer expectativa de recompensa ou reciprocidade. Se trata do desejo por companhia, sentir prazer em acolher ou de ser agradável aos outros ou o desejo de satisfazer suas necessidades.

Figura 3.5 – Modelo de hospitalidade comercial

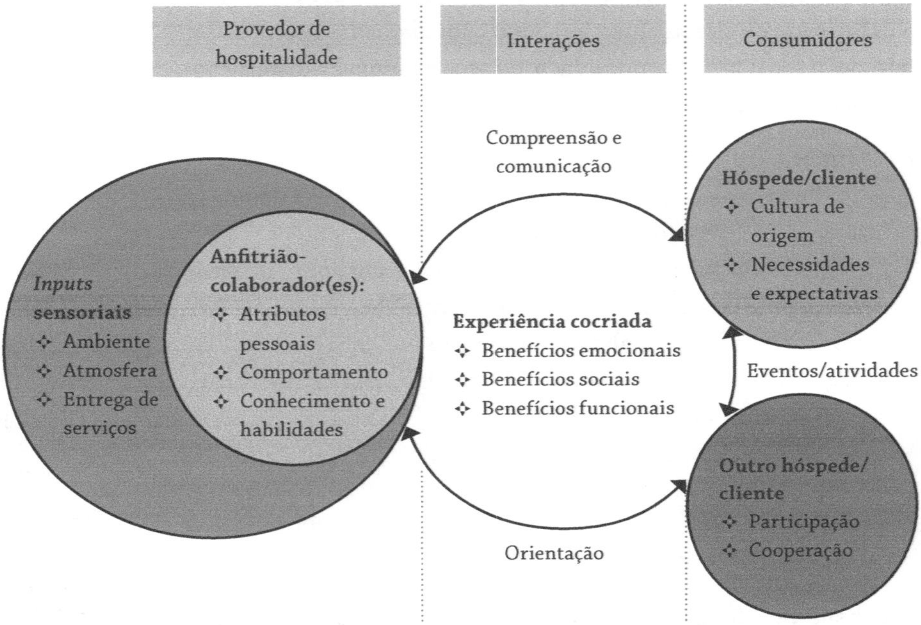

Provedor de hospitalidade	Interações	Consumidores

Inputs sensoriais
- Ambiente
- Atmosfera
- Entrega de serviços

Anfitrião-colaborador(es):
- Atributos pessoais
- Comportamento
- Conhecimento e habilidades

Compreensão e comunicação

Experiência cocriada
- Benefícios emocionais
- Benefícios sociais
- Benefícios funcionais

Orientação

Hóspede/cliente
- Cultura de origem
- Necessidades e expectativas

Eventos/atividades

Outro hóspede/cliente
- Participação
- Cooperação

Fonte: Teng, 2011, p. 873, tradução nossa.

A busca por cocriar experiências envolve a disponibilidade de um ambiente de benefícios emocionais, sociais e funcionais que permita a aproximação simbólica entre clientes e colaboradores; isso, por sua vez, resulta em uma aproximação também com a empresa, na busca do engajamento entre ambos. Essa busca do engajamento em serviços é um aspecto fundamental, sobretudo sob o prisma da sustentabilidade e da continuidade do negócio. Isso ocorre assim porque o interesse da empresa não está em executar o serviço uma única vez para determinado cliente. Por óbvio, mais vantajoso é fidelizá-lo, estimulando-o a comprar outros serviços e estabelecer novos relacionamentos, bem como a recomendar esses serviços para seus contatos, aumentando o chamado *customer equity* (em *marketing*, as estimativas de receitas que um cliente pode gerar para uma empresa, tanto no presente quanto no futuro).

Eis a relevância do **planejamento de métodos de engajamento de clientes**, de modo que se estabeleça valor ao serviço executado e à empresa. Afinal, um cliente apenas retorna quando reconhece e valoriza os serviços executados por ela e os benefícios percebidos por ele. Desse modo, é fundamental compreender como se desenvolvem esse relacionamento e essa cocriação de experiências e valores em serviços, tema tratado na subseção seguinte.

3.2.2 Construção de valor mediante a hospitalidade

A hospitalidade em serviços envolve novas formas de relacionamento com os clientes, novos métodos para a identificação de suas expectativas e, de forma altruística, esforços para estabelecer laços verdadeiros para além da prestação do serviço. O interesse em ampliar a sensação de qualidade percebida pelo cliente, mediante a hospitalidade, implica estratégias relacionadas à criação de valor.

Aqui, convém ressalvarmos que o conceito de *valor* diferencia-se do de *preço*: este refere-se à quantia monetária cobrada pela prestação do serviço ou pela aquisição de um bem; aquele diz respeito à satisfação do cliente ao receber determinado serviço, ou ao conjunto de informações contidas em um bem ou serviço que atende às expectativas desse consumidor, impelindo-o a comprar de certa empresa, o que resulta em fidelização.

Daí a necessidade de a empresa alimentar um ciclo contínuo que visa à capacidade e à preparação do pessoal de atendimento, assim como ao aumento da **satisfação mútua** – não apenas do cliente, mas também dos colaboradores em seu momento de trabalho. Isso é fundamental para que a qualidade de serviço, os resultados e a produtividade gerem valor e uma retenção maior de clientes (Fitzsimmons; Fitzsimmons, 2014; Lovelock; Wirtz; Hemzo, 2011).

A Figura 3.6, a seguir, exemplifica os aspectos estratégicos de geração valor, mediante a adoção, primeiramente, de um conjunto de planos, operações e entrega de serviço no ambiente interno. Ao final, a geração de valor na organização associa-se ao crescimento de receita e lucratividade. Isso porque a melhoria constante nos serviços e o alcance da fidelização de público estimularão a repetição de negócios, a indicação para outros contatos e consequentemente a participação da empresa em seu mercado (Fitzsimmons; Fitzsimmons, 2014; Lovelock; Wirtz; Hemzo, 2011).

Figura 3.6 – A cadeia de lucro em serviço

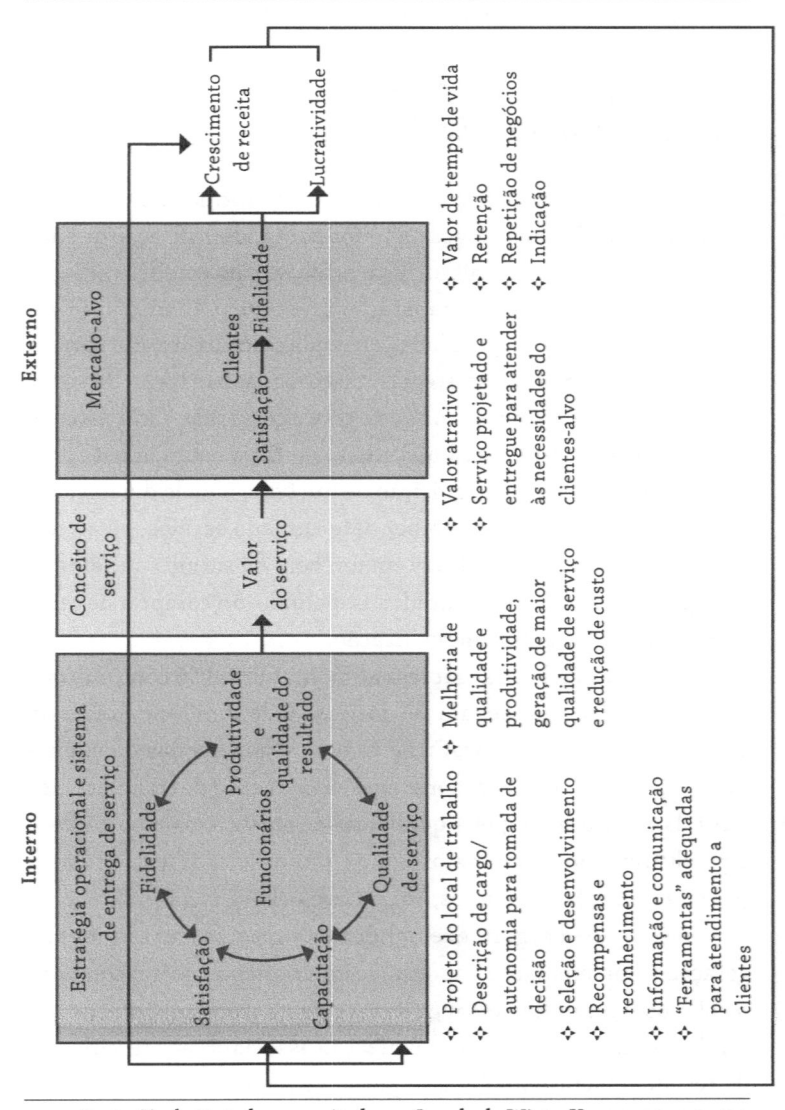

Fonte: Heskett et al., 1994, citado por Lovelock; Wirtz; Hemzo, 2011, p. 490.

A inserção da hospitalidade em serviços visa ao encantamento do cliente. A criação de laços de amizade e de aproximação servem ao intuito de identificar as expectativas relacionadas aos serviços e estabelecer relações de transparência.

Nesse sentido, no contexto das estratégias operacionais e do sistema de entrega de serviços (campo interno), tem sido adotada a estratégia de **nova curva de valor** de Kim e Mauborgne (2005). Esta está erigida sobre a proposição de criar valor por meio da hospitalidade, empregando-se novos métodos de entrega de serviços e novos conceitos de relacionamento entre empresa e cliente. Nesse modelo, os autores estabelecem quatro ações que devem ser revistas ou adotadas para que a curva de valor (ou a nova compreensão de valor em determinada empresa) seja acentuada e percebida pelos clientes (Figura 3.7).

Figura 3.7 – Modelo das quatro ações

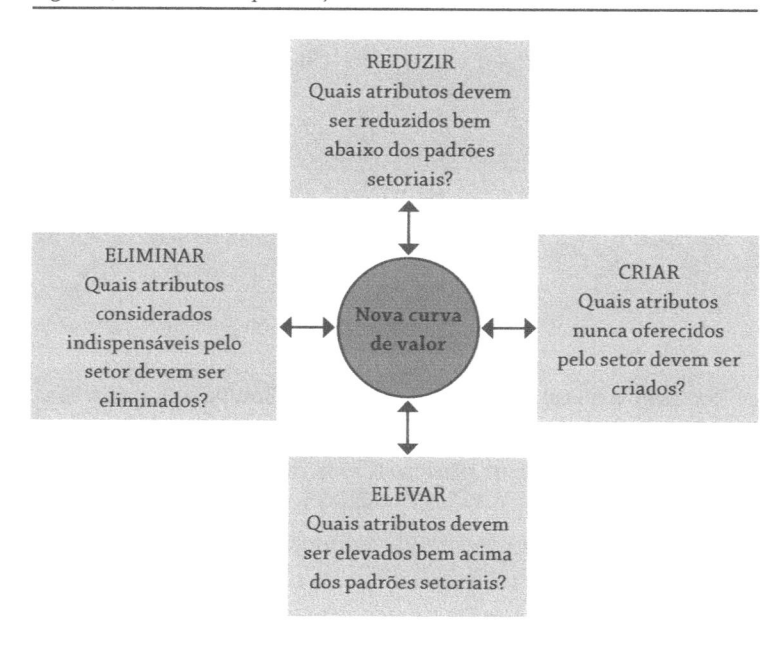

REDUZIR
Quais atributos devem ser reduzidos bem abaixo dos padrões setoriais?

ELIMINAR
Quais atributos considerados indispensáveis pelo setor devem ser eliminados?

Nova curva de valor

CRIAR
Quais atributos nunca oferecidos pelo setor devem ser criados?

ELEVAR
Quais atributos devem ser elevados bem acima dos padrões setoriais?

Fonte: Kim; Mauborgne, 2005, p. 29.

Neste ponto, convidamos o(a) leitor(a) a refletir sobre quais ações devem ser revistas ou observadas na busca da hospitalidade visando a uma nova curva de valor em sua respectiva realidade profissional e empresarial. A seguir, propomos uma primeira abordagem (Quadro 3.1, a seguir), com o fito de fomentar tal reflexão.

Quadro 3.1 – Quatro ações para criação de valor por meio da hospitalidade

REDUZIR	ELIMINAR
❖ incertezas quanto aos serviços ❖ sensação de valor como sinônimo de preço ❖ atendimento padronizado e impessoal	❖ ideia de tempo gasto como dispêndio ❖ noção de que treinamentos apenas geram custos ❖ setorização excessiva e baixa autonomia
ELEVAR	**CRIAR**
❖ encantamento ❖ confiança e segurança ❖ calor humano ❖ hospitalidade	❖ relações de amizade com o cliente ❖ ambiente de trocas e aprendizados ❖ ambiente para a cocriação de serviços e de valor

Fonte: Elaborado com base em Kim; Mauborgne, 2005.

Percebe-se nesse quadro que a proposta é reduzir as incertezas quanto aos serviços executados, sendo necessário um conjunto de informações sobre os processos e os métodos de execução do serviço, para que o cliente não se sinta inseguro ou desconfiado. Outra sugestão é que a entrega de valor não se baseie em preço de serviço, já que a hospitalidade contida na construção de valor deve se sobrepor às questões de preço, em busca de um atendimento não impessoal ou frio, mas personalizado, com calor humano, com confiança, segurança e hospitalidade.

Ainda, recomenda-se eliminar, com treinamentos diversos e ações internas, as preocupações sobre métodos ou procedimentos para tornar os colaboradores mais seguros na execução do serviço, de modo que priorizem o trato e a hospitalidade com o cliente. Por isso, vale a reflexão sobre a desburocratização no atendimento, provendo autonomia de decisão aos colaboradores e liberando-os da pressão de que "tempo equivale a custo" (entendimento de que, quanto maior for o tempo de atendimento, maiores serão os custos, ou menor o lucro, que este colaborador gerará para a empresa).

Por fim, sugere-se fomentar espaços para criação e estreitamento de laços de amizades com clientes, ensejando um envolvimento destes com a empresa e com colaboradores. Isso porque a aproximação propicia um maior engajamento com a organização, por meio de momentos de trocas e aprendizados, permitindo a cocriação[2] de métodos de entrega e/ou serviços, fazendo o cliente se sentir representado ou atendido.

A partir do momento em que há uma cocriação de produtos e serviços, prevendo-se a participação ativa na construção e no desenho do serviço, há também a cocriação de valor. Isso se dá porque o engajamento de ambos os atores do momento do serviço está interligado pelo objetivo comum de uma entrega de serviços que seja boa e fácil para o colaborador e que atenda às expectativas do cliente.

Para ilustrar a cocriação de valor em ambiente de serviços, Prahalad e Ramaswamy (2004) propõem o quadro de referência para a criação de valor (Figura 3.8), no qual mostram que as experiências de cocriação de valor, por meio das interações entre consumidores e empresa, transforma-se na própria base de valor. Desse modo, tal processo centra-se nos indivíduos e nas interações.

[2] Cocriar: método de criação, seja de produtos, seja de serviços – e, de forma mais subjetiva e emocional, de valor – que conta com a participação ativa dos clientes, entre outros grupos de influências.

Figura 3.8 – Quadro de referência para a criação de valor

Premissas	O consumidor e a empresa cocriam valor	As experiências de cocriação são a base do valor	O indivíduo é o ponto central da experiência de cocriação
Implicações	A interação consumidor-empresa é o lugar de cocriação de valor	Variedade de experiências de cocriação, por meio de interações heterogêneas	Personalização da experiência de cocriação
Manifestações	Foco na qualidade das interações consumidor-empresa	Foco na inovação dos ambientes de experiências	Foco na rede de experiências

Fonte: Prahalad; Ramaswamy, 2004, p. 31.

Prahalad e Ramaswamy (2004, p. 32) acrescentam que "o contexto e o envolvimento dos consumidores enriquecem o significado de determinada experiência para o indivíduo e acentuam a singularidade da cocriação de valor". Isso remete ao novo papel dos gestores, aos quais cumpre cuidar da qualidade das experiências de cocriação, garantindo que o espaço da empresa seja um lugar de hospitalidade e de trocas, em vez de orientar apenas as entregas e os processos da empresa.

O estreitamento de laços, bem como essa nova visão nos processos de construção de valor por meio da hospitalidade é o tema que desenvolveremos na subseção seguinte, na qual discutiremos sobre os conceitos da vantagem competitiva mediante hospitalidade em organizações de serviços.

3.2.3 Hospitalidade na criação de reputação com clientes

Com a evolução dos meios de comunicação, das redes sociais e dos *sites* de opinião, atraindo cada vez mais interessados, a seleção de um serviço, por parte de um cliente, passou a demandar dos gestores e da organização uma atenção especial. A esse respeito, Fitzsimmons e Fitzsimmons (2014) elencam alguns fatores relacionados, como: o preço dos serviços entregues em relação ao valor de serviço; os resultados esperados; o que de fato é entregue; as informações contidas; a conveniência de se frequentar uma empresa por conta das facilidades oferecidas em compra; a localização; a praticidade de entrega ou de uso; o atendimento; o relacionamento; e a simpatia.

Tais ações participam da construção de outro tópico que merece destaque no processo de seleção de uma organização ou de um serviço: a reputação. Esse conceito respeita aos comportamentos organizacionais valorizados pelo público e que o leva a amar, admirar, respeitar uma organização – e, sobretudo, confiar nela. Essa estima é construída ao longo do tempo, das entregas e dos relacionamentos e vínculos construídos (Fitzsimmons; Fitzsimmons, 2014; Van Riel, 2013).

O conjunto de interações efetuadas ao longo do tempo ajuda a compor a reputação por meio de *feedbacks* e opiniões externalizadas e comunicadas. Eis aí a importância da prática da hospitalidade em todas as oportunidades possíveis, sendo essencial para que a comunicação da empresa seja fluida e positiva nos diversos meios disponíveis. Desse modo, independentemente do meio (presencialmente, por telefone ou por contato virtual), os momentos de interação com o cliente são as oportunidades em que este avalia a atenção dos colaboradores durante o atendimento, sua presteza, a segurança e a motivação para o serviço. Trata-se da chance de estabelecer um ambiente de trocas livres de desconfortos e desconfianças e que envolvam a criação de vínculos e aproximação entre clientes e colaboradores.

Reconhecendo-se que uma empresa é formada não apenas por produtos e serviços, mas por um conjunto de valores que consistem na razão de ser de uma organização, é necessário que os momentos de interação constituam oportunidades para comunicação dos princípios que a norteiam. Isso permite que os atores envolvidos se tornem tanto clientes de relacionamento prolongado quanto adeptos aos princípios e aos valores comunicados pela empresa, assim como a sua cultura de relacionamento.

Em suma, buscar a hospitalidade em todas as oportunidades de comunicação:

- prepara o público para o ambiente ou o espaço de relacionamento criado, de sorte que as relações de hospitalidade se mantenham continuamente;
- estabelece uma relação aprofundada entre clientes e colaboradores, transmitindo o reconhecimento para a organização e atrelando a sensação de hospitalidade aos momentos de contato;
- enseja comportamentos adequados dentro da empresa, levando-se em conta que os clientes participam da cocriação dos serviços, dos espaços e dos momentos de hospitalidade no ambiente de serviços;
- cria memória de momentos e serviços positivos, motivando a disseminação das experiências para outros públicos e contatos;
- propõe um ciclo de reputação positiva, ampliando a atenção e o público, em busca dos serviços oferecidos em consonância com as características e as necessidades atendidas pela empresa.

Contudo, não é apenas com os clientes externos que a hospitalidade em interações humanas cria reputações positivas em mercado: existem diversos outros públicos e grupos que igualmente merecem atenção, já que outros *stakeholders* também influenciam ou são influenciados de alguma forma pelas decisões ou pela cultura de relacionamento organizacional (Rocha; Goldschmidt, 2010; Van Riel, 2013). Versaremos sobre isso na próxima subseção.

3.2.4 Hospitalidade na criação de reputação com *stakeholders*

Convém iniciarmos esta abordagem reforçando que uma empresa não se resume a seus equipamentos, ao prédio onde está instalada ou ao conjunto de móveis que existem dentro de um prédio e que são utilizados para a execução de um serviço. Em verdade, a organização é o conjunto de indivíduos, de grupos e de organizações que dela participam do cotidiano e que, portanto, podem influenciar os objetivos e as ações da empresa (podendo também serem influenciados por ela), muitas vezes, tendo voz e participação nas decisões estratégicas.

Dessa forma, o processo de criação de valor em uma organização não se limita aos relacionamentos estabelecidos com clientes e à execução dos serviços. A criação de valor implica engajar os chamados *stakeholders*, que são os demais indivíduos, grupos e organizações que esperam respostas estratégicas da empresa.

O termo *stakeholders* foi usado pela primeira vez por Freeman (1984) e se refere aos públicos de interesse, aos grupos ou aos indivíduos que devem ser contemplados no planejamento e nas ações estratégicas da organização. É crucial, portanto, engajá-los de modo que a cocriação de valor por meio das interações e da hospitalidade inclua também esses grupos.

Harrison (2005, citado por Rocha; Goldschmidt, 2010) especifica tais grupos (conforme ilustrado na Figura 3.9) e as ações esperadas por cada um deles, de modo que se construa uma relação de confiança e de respeito.

Figura 3.9 – *Stakeholders*

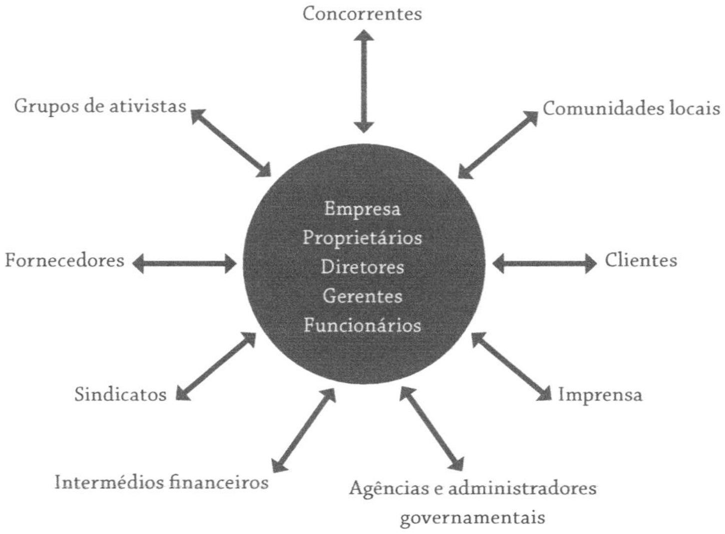

Fonte: Harrison, 2005, p. 31, citado por Rocha e Goldschmidt, 2010, p. 6.

- **Clientes:** *stakeholders* mais estudados e a quem a empresa mais se esforça para atender.
- **Imprensa:** exige cuidado, pois pode interferir no rumo da organização tanto positivamente quanto negativamente.
- **Agências e administradores governamentais:** órgãos públicos que regulamentam a atuação das empresas.
- **Intermediários financeiros:** bancos que auxiliam financeiramente a empresa por meio de investimentos, empréstimos e outros.
- **Sindicatos:** representam e defendem os interesses dos colaboradores, buscando estabelecer boas relações entre empresa e funcionários.
- **Fornecedores:** participam diretamente da cadeia produtiva da empresa, oferecendo produtos e serviços que permitem o funcionamento da organização.
- **Ativistas:** representam os interesses sociais perante a organização.
- **Concorrentes:** atuam no mesmo mercado que a organização e, portanto, direcionam as ações competitivas da empresa por participação de mercado.
- **Comunidades locais:** são os indivíduos ou as empresas que circundam a organização e que, portanto, buscam estabelecer relações positivas entre si.

Observe que, neste exemplo, cada grupo ou organização guarda suas definições de valores, causas defendidas, interesses e objetivos a serem alcançados no que se refere à organização. Espera-se, por meio das interações e da construção do relacionamento, que tais objetivos mútuos sejam alcançados, resultando em aproximações comerciais sustentadas nos mesmos princípios da hospitalidade: a confiança, o respeito, o calor humano, a aceitação, a receptividade, entre diversos outros aspectos.

Para alcançar esse intuito, Woodruff (1997) sugere cinco passos estratégicos (expressos na Figura 3.10) para a determinação de valor para *stakeholders*, a fim de que seu alcance resulte em bom relacionamento entre os envolvidos, bem como no engajamento desses *stakeholders* com o sucesso da empresa.

Figura 3.10 – O processo de determinação de valor para os *stakeholders*

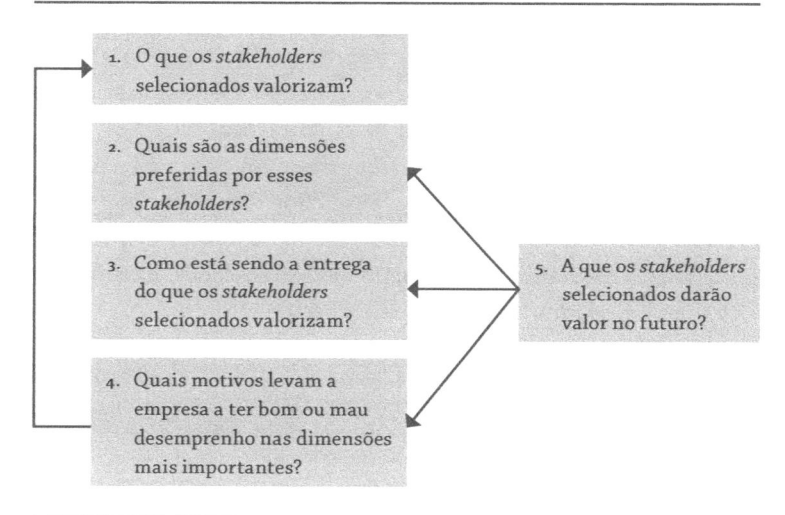

1. O que os *stakeholders* selecionados valorizam?
2. Quais são as dimensões preferidas por esses *stakeholders*?
3. Como está sendo a entrega do que os *stakeholders* selecionados valorizam?
4. Quais motivos levam a empresa a ter bom ou mau desemprenho nas dimensões mais importantes?
5. A que os *stakeholders* selecionados darão valor no futuro?

Fonte: Elaborado com base em Woodruff, 1997, p.146.

O alinhamento mútuo de objetivos e de valores entre organização e *stakeholders* leva ao que Van Riel (2013, p.3) chama de "licença para operar", pois a empresa passa a contar com o apoio de seus *stakeholders* para se desenvolver. Tal apoio incide sobre sua reputação, uma vez que cada grupo, a sua maneira e com seus *stakeholders*, leva adiante a construção e o posicionamento da empresa no mercado.

Os processos relativos a reputação, cocriação de valor e vantagem competitiva por meio da hospitalidade são, de certa maneira, fáceis de serem assimilados e copiados pela concorrência, tendo em vista o processo dinâmico evolutivo para a competição em mercado. Isso evidencia a necessidade da observação do quinto elemento para a definição de valor para os *stakeholders*.

Nessa perspectiva, a organização tem de compreender o que será valorizado por seus *stakeholders* no futuro, com a aplicação de questões simples, cujas respostas são obtidas nos relacionamentos frequentes, graças a confiança e esforço mútuo, bem como pelo engajamento para o alcance de objetivos de todos os envolvidos. Entre esses questionamentos, estão: O que os clientes buscarão no futuro? Quais tópicos a mídia buscará publicar no futuro? Quais são as perspectivas dos colaboradores para o futuro com relação a crescimento, a desenvolvimento, a aprendizado etc.? Quais ações, relações, imagens, serviços os fornecedores ou até mesmo as comunidades locais esperam observar na organização?

Tal observação pode colocar a empresa um passo à frente de sua concorrência, aplicando a hospitalidade com todos os grupos envolvidos e buscando, por fim e sobretudo, sustentar a vantagem competitiva mediante esse engajamento estabelecido e reafirmar os valores cocriados com todos os grupos de interesse.

3.3 ANÁLISE DE CASOS, REFLEXÕES E CONSIDERAÇÕES FINAIS

Para clarificarmos o tema discutido neste capítulo, sugerimos a você, leitor, refletir sobre as empresas do setor em que está inserido para compor um *benchmarking* dos fatores de sucesso dessas instituições. A proposta é identificar pontos que lhes renderam êxitos e que as fizeram ser valorizadas por seus clientes.

Ao longo deste capítulo, explicamos como a hospitalidade pode contribuir para o alcance da vantagem competitiva, aprofundando conceitos sob o âmbito comercial de hospitalidade, por meio da cocriação de valor com *stakeholders*, do relacionamento com o cliente, da construção da reputação etc. A seguir, fazemos análises de casos relacionados aos temas tratados, destacando fatores que levaram essas empresas a alcançar a vantagem competitiva em suas respectivas atividades.

3.3.1 CVC Viagens: a maior operadora de turismo da América Latina

Para ilustrar o que expusemos neste capítulo a respeito dos conceitos relativos à busca da vantagem competitiva mediante a hospitalidade, comentamos o caso da operadora de turismo CVC Brasil. Desde 1972, ano de sua fundação, essa companhia tem se destacado no mercado nacional de viagens e turismo (CVC Brasil, 2022a; Meneghetti, 2019).

A empresa, fundada na cidade paulista de Santo André, iniciou suas atividades atendendo a grêmios de funcionários das indústrias do ABC paulista, sobretudo para passeios de um dia, posteriormente para finais de semana, feriados prolongados e férias. Entre um de seus marcos e avanços, está o oferecimento, a partir do ano de 1981, dos primeiros pacotes de viagens com aéreo incluso, marcando o início do processo de democratização das viagens de lazer com transporte aéreo no país. A ampliação da oferta de viagens segue até hoje, alcançado outros públicos com diversas formas de pagamento e parcelamento.

Desde o início de suas atividades, a CVC Viagens se especializou em trabalhar com grupos de passageiros, o que é reafirmado em seu portal com os marcos de 1989, com a compra de 100 mil passagens aéreas da VASP (então 50% de todo o movimento mensal da companhia aérea), e de 1992, quando começou a fretar aviões para uso exclusivo de seus passageiros. Destaca-se também, nesse tema, o fretamento de cinco transatlânticos no ano de 2005, por perceber que os cruzeiros já haviam caído no gosto dos brasileiros (CVC Brasil, 2022a).

Outro marco foi sua aposta em *shoppings* a partir de 1998, com sua primeira loja no Shopping Plaza Sul, em São Paulo. A empresa salienta que, em uma época em que as agências de viagens funcionavam em prédios e horários comerciais, a CVC foi pioneira ao apostar em lojas de *shoppings*, aproveitando o potencial observado de vendas e de circulação nesses espaços. Ações como essa fizeram da CVC a maior empresa de distribuição de produtos e serviços de turismo do Brasil, com cerca de 8 mil agências credenciadas e 720 agências exclusivas pelo país.

Ainda no tema de distribuição de viagens, a CVC passou a atuar no mercado *on-line* em 2000, lançando sua loja virtual, cujo método de comercialização é altamente utilizado nos dias de hoje por outras empresas. Nasceu, assim, um mercado voltado para a comercialização *on-line* de viagens, sendo as agências virtuais conhecidas pela sigla OTA (do inglês, *on-line travel agencies*).

O crescimento da empresa se acentuou com a chegada, em 2010, da Caryle, um dos maiores fundos de *private equity* do mundo, comprando 63,6% da empresa em uma transação bilionária. No que concerne a investimentos, a empresa é também pioneira entre as operadoras de turismo a serem listadas na Bolsa de Valores de São Paulo (Bovespa). Ao longo de sua história, contribuiu para o desenvolvimento e a comercialização de diversos destinos turísticos brasileiros, realizando parcerias e contatos com diversos *stakeholders* do setor – desde companhias aéreas, hotéis, companhias de cruzeiros, investidores, órgãos públicos especialmente de turismo, clientes de diversas partes do país e do mundo, organizações não governamentais, mídia, sindicatos etc. Ficam evidentes, portanto, a importância da empresa em cenário nacional e sua capacidade de influenciar direta ou indiretamente vidas de pessoas por conta da movimentação e do fluxo turístico.

No que toca ao tema vantagem competitiva em serviços, a CVC oferece várias lições, todas implementadas em um período em que o mercado de viagens ainda era inacessível para muitas pessoas. Estas tornaram possível ampliar sua fatia de mercado (*market share*) graças a opções facilitadas de pagamento e acesso e, acima de tudo, pela oferta de valor e de experiências de viagens para um público mais amplo. Esse aspecto, por seu turno, permitiu aos consumidores criar seus próprios pacotes, não sendo necessário viajar apenas em grupos de passageiros com a aquisição de pacotes fretados.

A empresa mostrou o quão importante é se aproximar dos clientes, e não apenas estimulá-los a buscar a empresa, instalando lojas e permitindo a abertura de franquias em locais de maior frequência de seus potenciais clientes, em *shopping centers*, lojas de rua, postos de gasolina e outros. Esse esforço destacou a empresa na mente do consumidor como a principal marca de venda de viagens do país (*Top of Mind* em turismo) (CVC Brasil, 2022b).

Desse modo, percebe-se a preocupação da instituição em oferecer serviços de turismo de forma simplificada, confiável e segura, ofertando diversas vantagens para compras. Seu pioneirismo foi obtido ao longo de sua experiência de mercado, sabendo aproveitar a cocriação de valor, o relacionamento com diversos *stakeholders*, a valorização da democratização das viagens e do turismo e a hospitalidade em suas lojas. Quanto a esse último quesito, a empresa sempre priorizou as relações e o engajamento entre agentes de viagens e clientes, tornando a empresa um *player* forte em mercado e a maior operadora de turismo da América Latina (Meneghetti, 2019).

3.3.2 Azul Linhas Aéreas: a melhor companhia aérea do ano de 2020

A hospitalidade em meios de transportes foi comentada por Milon (2011, p. 509) em sua reflexão sobre o metrô como uma "trans-hospitalidade". O autor questiona como um não lugar (sem alma e sem gênio) ou um espaço de passagem de pessoas onde não há moradias pode se tornar um espaço para se dar e receber hospitalidade.

Ao refletir sobre isso, Milon (2011) aponta a necessidade de se entregar ao passageiro algo além do transporte, aspecto estudado também por Kaperaviczus, Cavenaghi e Oliveira (2020). Estes autores fornecem um novo modelo para aferir a hospitalidade a bordo de aeronaves, o qual é composto de 19 itens, distribuídos em cinco fatores: (i) atrativos, (ii) atendimento, (iii) bem-estar, (iv) *low-cost* e (v) higiene. Estudos como esse contribuem para o entendimento sobre quais aspectos são avaliados por passageiros no momento de escolher uma companhia aérea ou de se fidelizar a ela. Ainda, indicam qualidades em uma companhia aérea que se tornam fatores a serem considerados no conjunto de aspectos que geram vantagem competitiva.

Por esse viés, a Azul Linhas Aéreas, fundada em 2008, foi eleita, em 2020, pelo portal de avaliação de turismo TripAdvisor, a melhor companhia aérea do mundo recebendo o prêmio *Travelers' Choice*. Não menos importante é o fato de que ela já fora também laureada nos anos de 2017, 2018 e 2019 em outras posições do *ranking* (Bouças, 2020; TripAdvisor, 2022a, 2022b).

Esse prêmio é resultado de avaliações feitas por clientes que, por meio do portal, conferem pontuações e comentários às companhias aéreas, entre outros serviços turísticos, de acordo com suas experiências. Alguns dos tópicos considerados na avaliação são o espaço para as pernas, o conforto dos assentos, o entretenimento durante o voo (*wi-fi*, filmes etc.), experiências e serviços a bordo, *check-in*, serviços de embarque, alimentos e bebidas e outros (TripAdvisor, 2020b).

Dessa forma, percebe-se a presença da hospitalidade no planejamento dos detalhes de relacionamento com o cliente; no oferecimento de experiências positivas, de conforto; na gentileza e na cortesia do relacionamento; na abertura e na receptividade de seus colaboradores a bordo; bem como nos aspectos mais técnicos dos serviços citados nos comentários de passageiros, como a pontualidade, o oferecimento de linhas e o atendimento de cidades (TripAdvisor, 2020b).

Logo, a hospitalidade na companhia aérea tornou-se um passo em direção à vantagem competitiva desde sua fundação, optando por aviões Embraer 195 e 190, reconhecidos por ter apenas dois assentos de cada lado – diferentemente das aeronaves tradicionais, com três assentos de cada lado do corredor –, melhorando o conforto a bordo e a experiência de voo de seus passageiros (Azul, 2022). Entre as características de serviço de bordo, a companhia aérea destaca, em seu portal, os 12 tipos de *snacks*, o entretenimento, com TVs individuais a bordo, e, conforme apontado pelos passageiros por meio do portal TripAdvisor, a excelência em serviços de seus colaboradores (Azul, 2022).

Esse planejamento de serviços (do mesmo modo que as experiências descritas pelos clientes a bordo) rendeu, além do prêmio de melhor companhia aérea do mundo, uma reputação positiva à Azul Linhas Aéreas. Com esse reconhecimento, a empresa alcança uma percepção maior de valor e satisfação na mente de seus consumidores. Ademais, melhora ou motiva seus colaboradores para a entrega de serviços, visando a uma melhor experiência e conforto a bordo.

3.3.3 Síntese e reflexões

Por fim, reconhecendo a potencialidade dos estudos do tema hospitalidade como um importante passo para o alcance da vantagem competitiva em ambiente comercial, propomos refletir sobre as características dos serviços que procuram entregar hospitalidade ao cliente no setor em que você, leitor, trabalha. Ademais, é de suma importância pensar de que forma é possível inserir o "algo a mais" para permitir um engajamento maior e a cocriação de valor aos serviços e à própria empresa. Mais do que isso, é importante que você busque responder às seguintes perguntas:

- ❖ Quais características de serviços os consumidores de meu setor mais valorizam?
- ❖ Quais serviços ou características são necessários repensar ou inserir para que o engajamento com os consumidores seja maior, aprimorando as experiências de serviços e conforto?
- ❖ Quem são os meus *stakeholders*? Estou desenvolvendo um relacionamento adequado com eles? O que eles esperam de mim ou da empresa em que atuo? Como posso alcançar vantagem competitiva por meio do relacionamento com meus *stakeholders*?
- ❖ De que modo posso me relacionar com meus clientes para cocriar serviços superiores àqueles que já existem?

A hospitalidade oferece compreensões dos caminhos para o relacionamento e a receptividade no trato com o cliente e com os demais *stakeholders*; a via para a vantagem competitiva está no trabalho conjunto. Desse modo, estabelecer pontes e relacionamentos mais aprofundados com clientes, como apontado por Prahalad e Ramaswamy (2004), tem grande potencialidade para a inovação e para o destaque em mercado.

Dragon Images/Shutterstock

4
Economia de experiências em serviços e hospitalidade

A economia de experiências é um novo conceito de relacionamento com o público que transcende os esforços para prestar um serviço, pois visa a criar experiências memoráveis na vida dos clientes. Essa lembrança agradável pode ensejar e manter um relacionamento de longa duração.

Ter experiências, mediante a geração de conhecimento a partir de dados, é produzir ou estar submetido a práticas ou observações da própria vida, fatos ou uma teoria. Como resultado, o sujeito que realiza a experiência ou é submetido a ela obtém uma perícia ou uma habilidade ligada a tal prática. Desse modo, no âmbito dos serviços, o termo *experiências* condiz com a ação de entregar aos clientes novos conhecimentos por meio de novas vivências, sendo uma oportunidade para o crescimento intelectual e a ampliação cultural dessas pessoas.

A economia de experiências começou a ser objeto de estudo em 1999, tendo como marco inaugural os trabalhos *A sociedade dos sonhos* (Jensen, 1999) e *A economia da experiência* (Pine; Gilmore, 1999). Por meio deles, lançou-se base para a construção de um novo modelo de serviços, voltado às sensações e às emoções. Nesse sentido, os autores descrevem que os novos serviços devem ser adequados aos "desejos do coração", sendo imperioso à empresa se preparar para entregar não meros serviços, mas acontecimentos exclusivos e memoráveis em seu sentido emocional. Para isso, o ambiente de entrega dos serviços tem de ser comparado a um palco, no sentido da criação de um mundo de sonhos, tornando a entrega do serviço algo raro, diferente e dificilmente copiado por outras organizações (Jensen, 1999; Panosso Netto; Gaeta, 2010; Pine; Gilmore, 1999).

O conceito de entrega de serviços passou, portanto, a conter a ideia de entregar experiências, extrapolando a noção de serviços em seu sentido racional e calculado: já não basta atender às expectativas de serviços dos clientes, é preciso considerar seus sonhos, suas emoções, seus sentimentos e, por vezes, sua história e os momentos nostálgicos de sua vida. A esse respeito, Pine e Gilmore (1999) afirmam que a economia de experiências é um avanço na compreensão de valor agregado e um acréscimo no "progresso do valor econômico", em que o próprio uso do termo *economia* alude ao que é consumido e à evolução de sua percepção de valor. Tendo isso em vista, os autores dividem o consumo em quatro fases econômicas (Pine; Gilmore, 1999):

1. **Economia agrária**: consumo de *commodities*, produtos extraídos da terra, em sua forma natural.
2. **Economia industrial**: consumo de bens que tenham passado pelo processo de transformação industrial.
3. **Economia de serviços**: consumo da *performance*, do serviço desempenhado de um colaborador em benefício de seu cliente.
4. **Economia de experiências**: consumo da experiência, de um momento ou de um evento memorável, isto é, de um efeito duradouro na vida do consumidor.

No Quadro 4.1, são comparadas as características conceituais de cada uma das economias citadas, demonstrando a evolução das necessidades e dos papéis dos clientes nesse processo. Também estão explicitadas as funções do vendedor ou daqueles que produzem, marcando as fronteiras para a economia de experiências.

Quadro 4.1 – Evolução econômica

	Economia			
	Agrária	Industrial	Serviços	Experiências
Oferta econômica	Alimento	Bens embalados	Mercadorias	Serviços ao consumidor
Função	Extrair	Fazer	Fornecer	Encenar
Natureza	Consumível	Tangível	Intangível	Memorável
Atributo	Natural	Padronizado	Personalizado	Pessoal
Método de fornecimento	Armazenado	Estocado	Fornecido sob demanda	Revelado com o tempo
Vendedor	Negociador	Produtor	Fornecedor	Ator
Comprador	Mercado	Consumidor	Cliente	Convidado
Expectativa	Quantidade	Características	Benefícios	Sensações

Fonte: Elaborado com base em Fitzsimmons; Fitzsimmons, 2014; Pine; Gilmore, 1999.

Na economia de experiências, reconhece-se que os consumidores/clientes são diferentes entre si e que, portanto, têm gostos, necessidades, características e histórias de vida particulares. Eis aí a razão para se trabalhar por um valor agregado aos serviços para o cliente, somando-se às possibilidades da criação de ambientes que o insiram de "corpo e alma" nesse novo serviço (Pine; Gilmore, 1999). Para isso, esse modelo de serviços tem se apropriado das novas condutas dos consumidores, os quais são muito mais conscientes de seu papel no mundo e mais abertos às experiências.

Tendo exposto esse panorama inicial, discutiremos ao longo deste capítulo as compreensões conceituais sobre a economia de experiências, identificando como inserir esse novo modelo nos serviços sempre tendo como norte a hospitalidade. Novas formas de consumo serão também comentadas, demonstrando, por meio de análises de casos, as novas relações estabelecidas entre consumidores e organizações.

4.1 Novo consumidor e suas expectativas sobre serviços

Para se obter sucesso no planejamento e na entrega de serviços, é crucial conhecer o cliente. Por isso, é indispensável entender sua demanda, saber quais são seus valores, suas causas e suas preocupações, os motivos que o fariam comprar os produtos que a organização oferece, de modo que esta se prepare para dialogar de modo mais preciso.

Para cumprir com essa função, é recomendável fazer uma **pesquisa de mercado** na concepção de um novo serviço, sobretudo quando se trata do processo de inovação previsto nos conceitos da economia de experiências.

Já citamos nos capítulos anteriores algumas razões para se conhecer o consumidor, ao tratarmos, por exemplo, da importância da cocriação de valor e da comunicação fluida com esse ator para se detectar suas expectativas. Vale reiterar que os processos de globalização, com a conectividade e a democratização da internet, das plataformas de acesso à informação e das redes sociais, aceleraram as dinâmicas de consumo; hoje, o perfil do consumidor se transforma repentinamente e o novo mercado é muito mais voltado a valores do que a produtos tradicionais.

Kotler, Kartajaya e Setiawan (2010) refletem sobre essas questões quando descrevem que esse **novo consumidor** necessita ser compreendido de forma mais completa, considerando-se suas aspirações, seus valores e seu espírito humano; eles devem ser vistos como pessoas mais abertas aos processos de mudanças da humanidade, interconectadas com os diversos valores mundiais. Portanto, muitas vezes, conforme alertam Moraes e Abreu (2017), os consumidores não mais se enquadrarão nas segmentações até então estabelecidas. Isso porque eles compõem **tribos de consumo** organizadas segundo determinados valores, cumprindo à empresa atender a tal conjunto de consumidores em consonância com as **representações sociais** forjadas nesse grupo (claro, se estiver alinhada aos mesmos valores e interesses).

Logo, a concepção de serviços demanda levar em conta as emoções dos consumidores, buscando ir além das características e dos conteúdos tradicionais. O intuito é engajar o cliente por meio de suas vivências, de sonhos e experiências que estes ainda desejam vivenciar, de sua história e de suas memórias mais nostálgicas; em síntese, o propósito é despertar um engajamento mais profundo e sentimental.

Conforme esse desejo por consumo de conceitos e valores se amplia, a **estratégia de engajamento** dos consumidores no processo de compra e de consumo liga-se ao conceito de *ser*, e não apenas *ter*. Essa mudança decorre do fato de o consumidor agora ansiar se ver inserido nessa nova realidade ou na comunidade criada pela organização e entregue por meio de seus produtos e serviços (Solomon, 2016).

Em um mundo cada vez mais repleto de experiências encenadas, Pine e Gilmore (2013) alertam que as pessoas, diante da oposição entre real e falso, preferem comprar aquilo que julgam verdadeiro e genuíno. Em outras palavras, a **autenticidade** se tornou a nova sensibilidade dos consumidores. E o que é ser autêntico e real no contexto dos negócios? Trata-se das ofertas econômicas que correspondem tanto à representação quanto à percepção da autoimagem. Isso significa que os consumidores compram ofertas que se adaptam a sua autoimagem, a quem são e a quem desejam ser. Por conta disso, para oferecer autenticidade aos clientes, as empresas necessitam refletir sobre os seguintes padrões (Pine; Gilmore, 2013):

- A oferta é fiel a si mesma?
- A oferta é o que diz ser?

O primeiro padrão representa a oferta em si, já que toda organização que deseja trabalhar com a sensibilidade de autenticidade de seus consumidores deve entender a própria identidade, refletindo sobre: Qual é o "eu" ao qual nós e nossas ofertas devemos ser fiéis? Qual é a essência de nossos valores? Quais são as características que nos distinguem das demais empresas? (Pine; Gilmore, 2013).

O segundo padrão refere-se a como a empresa se comunica ou como ela apresenta seus produtos aos consumidores, recomendando-se sempre a **transparência** com o seu "eu", devendo adotar o que exatamente declara sobre seus negócios e ofertas. Ainda, envolve verificar se isso representa a realidade que as pessoas encontram. Pine e Gilmore (2013) sugerem as seguintes reflexões para esse tópico: O que exatamente a empresa diz sobre si mesma? Em que leva os outros a acreditarem? Como revela, por meio de suas palavras e ações, o próprio negócio e suas ofertas?

Por conseguinte, a construção da experiência é autêntica quando a empresa é, de forma genuína, aquilo que ela deseja entregar. Nesse contexto, ela tende a ser vista por esse novo consumidor – cada vez mais conectado e em busca de um mundo menos encenado e mais real ou humano –, como um representante de seu "eu" ou de sua autoimagem, aquilo que ele mesmo deseja ser e procura nas companhias (Moraes; Abreu, 2017).

Tendo em mente esses novos conceitos de consumo e esse novo consumidor, na seção a seguir, analisaremos como inserir os conceitos de economia de experiências nos serviços – entendida até aqui como uma *performance*, executada por um colaborador em benefício de seu cliente. Contudo, percebe-se que se prender ao ato de entregar o serviço principal já não é suficiente.

4.2 Criação de experiências

Pensar em novos serviços perante essa nova cultura de consumo é uma das funções da economia de experiências. Conforme declaramos, esse novo método de planejar e entregar experiências está centrado em oferecer um momento memorável para os clientes. Esse momento deve ficar marcado na mente do consumidor, ampliando as chances da organização de estabelecer com ele um relacionamento de longo prazo.

Pine e Gilmore (2013) sugerem que a customização em massa é o caminho para a entrega de experiências, haja vista que se comunica de forma direta com o consumidor; por isso, é interessante estimular o cliente a participar ativamente da construção e da entrega do serviço. Nessa linha de raciocínio, Fitzsimmons e Fitzsimmons (2014) afirmam que, quanto mais os clientes estiverem imersos ativamente no serviço, mais significante será sua experiência e, portanto, mais memorável esse momento se tornará para eles. O Quadro 4.2 exemplifica essa relação, especificando alguns níveis de participação do cliente.

Quadro 4.2 – As quatro esferas de uma experiência

		Participação do cliente	
		Passiva	Ativa
Relação ambiental	Absorção	Entretenimento (filme)	Educação (língua)
	Imersão	Dimensão estática (turista)	Aventura (mergulho)

Fonte: Fitzsimmons; Fitzsimmons, 2014, p. 11.

Reiterando: quanto mais ativa for a participação do consumidor no processo de entrega de um serviço, mais memorável este será em sua vida e, portanto, maior será o tempo de relacionamento com a organização. Desse modo, o quadro apresenta diferenças entre participação passiva, na qual o consumidor apenas recebe o serviço, e participação ativa, em que o cliente se engaja no serviço.

Por seu turno, a absorção e a imersão dizem respeito a como o cliente pode reagir à informação do serviço, direcionando os esforços necessários para que este seja entregue, sendo o entretenimento o nível de experiência com o menor envolvimento e o de aventura aquele que exige um maior compromisso do cliente. Para haver esse envolvimento, é imprescindível planejar o ambiente onde os serviços serão realizados, adaptando-se o pacote de serviços (conforme abordamos no Capítulo 1 deste livro); logo, as instalações e o conjunto de informações disponíveis são fatores de relevo para gerar sensações e sentimentos no consumidor, motivando-o à participação ativa.

Dessa forma, Pine e Gilmore (1999) e Jensen (1999) apontam que a prioridade não devem ser os serviços, mas a vivência proporcionada (ou seja, a venda de experiências): durante algum tempo, será entregue ao consumidor uma série de eventos memoráveis que envolvam o aprendizado e o consumo de sonhos e de emoções. Um dos exemplos de adaptação dos serviços à economia de experiências é a tematização do espaço e dos serviços; nesse caso, fazem-se adaptações de acordo com as culturas locais, de outros países ou regiões do mundo ou até mesmo com contextos históricos. Nessa estratégia, o intuito é posicionar o cliente no centro desse cenário, entregando-lhe um pouco das experiências e das vivências desses temas de serviço.

Fitzsimmons e Fitzsimmons (2014) citam como exemplo a utilização de temas musicais no estacionamento do Aeroporto Internacional O'Hare, em Chicago, para direcionar os carros no estacionamento e, ao mesmo tempo, proporcionar uma experiência nostálgica relacionada às músicas. Os autores também ilustram tal estratégia comentando sobre o uso de pilastras romanas com vendedores vestidos com togas, ao estilo dos antigos romanos, em um *shopping center* de Las Vegas.

Para a realidade brasileira, é possível citar restaurantes em que se oferecem aulas de dança, experiências relacionadas à gastronomia local, contação de histórias ou apresentações em estilos musicais diversos. Isso pode ser feito tematizando-se a cultura local ou de algum outro país, por exemplo, para transmitir a sensação de se estar nesse lugar e, com isso, gerar um laço ou uma experimentação cultural.

Sendo um dos principais beneficiários da economia de experiência, o mercado turístico busca, por meio das viagens, proporcionar vivências aos turistas expondo-os à diversidade cultural e a diferentes paisagens (Beni, 2004). Por causa disso, as viagens tendem a levar o turista para mais perto das diversas culturas. Em Pernambuco, por exemplo, é comum o turista ser apresentado ao frevo, dança típica local. Ele pode participar de aulas dessa dança em diferentes estabelecimentos ou assistir a apresentações com grupos regionais.

Figura 4.1 – Frevo, patrimônio cultural imaterial da humanidade

Elysangela Freitas/Shutterstock

A hotelaria também se utiliza, com frequência, desse modelo de experiências em serviços, por meio da apresentação ou de eventos com personagens infantis, a fim de entreter as crianças hospedadas com seus pais, bem como criar uma memória agradável em todos os envolvidos. É exemplo desse tipo de ação a rede Bourbon de Hotéis e Resorts com a Turma da Mônica, que oferece eventos com os personagens, promoções, espaços tematizados e outras experiências em alguns de seus *resorts*.

Frequentemente se observam, como em Jensen (1999) e em Pine e Gilmore (1999, 2013), o uso das palavras *palco* e *teatro* e a alusão ao colaborador como um "ator" para se referir ao ambiente onde as experiências são desempenhadas e à experiência em si. Não obstante a busca pelo genuíno e pelo real por parte dos novos consumidores, os autores empregam tais termos por conta da possibilidade da tematização das experiências, na criação desses momentos e emoções para o cliente.

Esse modelo de serviço, centrado no **consumo de experiências**, evolui à proporção que os consumidores tendem a investir seu dinheiro em novas modalidades para criar valor em si, motivando empresas a encontrarem novas formas de diferenciação. No âmbito acadêmico, isso impulsiona estudos sobre novos modelos de organizações, de serviços, de experiências e de mercado (Pine; Gilmore, 2013).

4.3 ECONOMIA DE EXPERIÊNCIAS: UM NOVO PASSO PARA A VANTAGEM COMPETITIVA?

A vantagem competitiva, conforme demonstramos no Capítulo 3, refere-se às características ou aos atributos que garantem certa superioridade sobre a concorrência (Rocha; Goldschmidt, 2010). Contudo, temos de alertar que os serviços podem ser copiados pela concorrência com grande facilidade; afinal, estamos tratando de uma *performance* e, portanto, a qualquer momento pode ser aprendida e replicada em outros estabelecimentos.

Para que um serviço se sobressaia, suas especificidades e sua entrega devem satisfazer o cliente ou consumidor. Ademais, quanto mais fatores diferenciadores ou quanto mais genuíno for o relacionamento estabelecido com os clientes, mais duradoura será a memória. Como resultado, a organização alcançará maior reputação e reconhecimento de mercado.

Dessa maneira, a economia de experiências consiste em um método para se alcançar sucesso, propondo-se a entregar muito mais do que serviços para os consumidores. O principal para a empresa é entregar experiências diferenciadas que muitas vezes podem dialogar com nichos específicos de mercado, mas, ao mesmo tempo, por sua autenticidade, podem impulsionar a visitação de uma gama maior de consumidores.

Nessa linha de raciocínio, Pine e Gilmore (2013) comentam as características das experiências envolventes e diferenciadas. Entre elas, estão aquelas que abarcam uma multiplicidade de dimensões – como as experiências multissensoriais, que engajam os sentidos dos consumidores, e os níveis de significado pessoal relacionados às sensibilidades dos hóspedes/clientes, como seus desejos intelectuais e culturais, nostalgias e histórias e outros. Também é destaque o modo como a experiência é compartilhada com outras pessoas, a intensidade e a duração dos vários elementos experienciais e a complexidade (ou a simplicidade) das experiências oferecidas. Ainda, é determinante o modo como a experiência é apresentada para o consumidor e o que este leva consigo quanto aos momentos vivenciados com a organização, transformando-se em memórias (Pine; Gilmore, 2013).

A vantagem competitiva no âmbito da experiência centra-se na diferenciação percebida pelos consumidores e em como estes levarão adiante as mensagens entregues pela organização. O intento é alcançar uma nova fronteira de mercado classificada por Kim e Mauborgne (2005) como "oceano azul", em que, segundo os autores, a concorrência se torna irrelevante. Sair de "oceanos vermelhos", nos quais há muita concorrência, e seguir em direção a um "oceano azul" é algo que acontece quando as experiências ofertadas não se limitam aos padrões estabelecidos em mercado, favorecendo uma baixa competição de forma aberta e direta.

Nesse sentido, as experiências são observadas em contexto competitivo como uma inovação no produto/serviço, abrindo-se para um panorama mais generalizado de mercado. Nessa outra estratégia, a empresa não oferece apenas os serviços principais, mas também aqueles adicionais que a concorrência não oferece, capturando e retendo uma nova demanda.

Vale destacar, no entanto, que um novo serviço ou um novo conceito de serviços não deve refletir em preços expressivamente acima daqueles praticados pelo mercado. Deve-se, ao contrário, evitar que sejam vistos pelos consumidores como inviáveis ou inaceitáveis, quando comparados com os de outras organizações que oferecem serviços similares. Isso porque existe o risco da substituição por serviços mais básicos, porém menos custosos.

A união do serviço diferenciado com um preço competitivo, chamada de "inovação de valor" por Kim e Mauborgne (2005, p. 12), é um dos maiores desafios no processo da inovação. Isso mostra que o caminho para a vantagem competitiva centra-se na criação e na entrega de experiências para consumidores; mas vai além, já que é necessário considerar também a sustentação dessa vantagem ao longo do tempo, avaliando-se: a ambientação do espaço ligado à experiência a ser entregue; o treinamento constante dos recursos humanos; a prática da pesquisa de mercado para que o processo de aprendizagem e de reciclagem de ideias se mantenha constante; e, por fim, uma compreensão profunda de que se deve estar atento à percepção de preços por parte dos consumidores, para que as experiências não se tornem inviáveis para o comprador.

Por fim, reiteramos que, quanto mais significativa e duradoura for a memória positiva criada por uma experiência, mais valor será criado (Pine; Gilmore, 2013); portanto, maior será a probabilidade de alcance da vantagem competitiva na atividade desempenhada. Contudo, sugere-se como meta estabelecer que os benefícios e as memórias das experiências durem mais tempo na mente do consumidor do que o tempo (ou parcelas) necessário para pagamento. É nesse sentido que autores do campo do turismo sugerem a possibilidade de entrega ou da compra de *souvenirs*, pois materializam o imaginário das viagens e das experiências, tornando mais tangíveis ou prolongando tais experiências e memórias positivas vivenciadas naquele contexto (Godoy; Vidal; Mees, 2019; Horodyski; Manosso; Gândara, 2012; Paula; Mecca, 2016).

4.4 HOSPITALIDADE NA ECONOMIA DE EXPERIÊNCIAS

Como afirmamos em diferentes pontos de nossa abordagem, a hospitalidade se faz presente em todos os relacionamentos humanos, incluindo os estabelecidos durante o serviço. Como resultado, o consumidor tem a sensação de receptividade, de aceitação, de confiança e de segurança no contato, seja com o colaborador, seja com os demais clientes ou hóspedes que estão no local de atendimento. Sob o ponto de vista da economia de experiências, os princípios de hospitalidade voltam-se à criação de memórias agradáveis de acolhimento, gerando a sensação de pertencimento ao espaço, de acordo com a tematização dele e das experiências entregues, uma vez que, em muitas ocasiões, as experiências desenvolvidas relacionam-se com a cultura do consumidor ou com um conjunto de símbolos que despertam memórias positivas ou sensação de bem-estar nesse visitante.

Tendo como base os tempos de hospitalidade, segundo proposto por Camargo (2004), é possível direcionar as compreensões e os esforços em todos os momentos considerados "chave" no relacionamento com o cliente, conforme segue:

- ❖ **Receber:** recepcionar o cliente como um convidado, apresentando o espaço e a tematização utilizada; ainda, explicar as experiências disponíveis ou oferecidas, quer sejam danças, quer sejam pratos típicos, espaços especiais de cultura, apresentações musicais, de personagens de contos e histórias etc., de acordo com cada tipologia de organização.
- ❖ **Hospedar:** permitir que o visitante ou o convidado se sinta parte do espaço, já que muitas vezes a tematização e as experiências disponibilizadas se comunicam com a sua história e com suas emoções. Isso também vale para o auxílio na instalação do convidado, oferecendo uma mesa em um restaurante, um quarto em um hotel etc.
- ❖ **Alimentar:** a teoria se refere ao ato de fornecer alimentação, como um prato de comida ou petiscos, com os quais o convidado possa saciar sua fome. Essa realidade é mais facilmente observada em restaurantes, hotéis, eventos e visitações a espaços turísticos; mas é possível considerar a alimentação em sentido figurado como algo intelectual e do conhecimento, se consideradas as informações do espaço e da experiência como o ato de nutrir o intelecto do convidado.
- ❖ **Entretenimento:** com base em Gilmore e Pine (2002), na economia de experiências busca-se a não comoditização do serviço, ou seja, além do serviço, oferta-se uma experiência diferenciada. Logo, todo serviço possibilita um momento de entretenimento, de descontração ou de relaxamento.

Nesse horizonte, há diversas possibilidades de inserção dos princípios e dos conceitos de hospitalidade em meio à economia de experiências, levando-se em conta a multiplicidade de formas de se entregarem experiências. Isso pode ser feito mediante o uso de culturas, de nostalgias, de sonhos, até mesmo de filmes, de personagens, de estilos musicais, de lugares ou de destinos longínquos, replicando ou não os conceitos e rituais de hospitalidade praticados nesses lugares que se representam.

Vale reforçar que é possível observar a hospitalidade em qualquer momento ou espaço, desde que existam pessoas e que os relacionamentos transcorram conforme as melhores práticas da ética e dos bons costumes, com respeito e calor humano. Para além dessa realidade, o que a economia de experiências propõe é a reflexão da intensidade da hospitalidade percebida pelo cliente, a qual se manifesta nos atos de relacionamento relativos à organização e durante uma experiência. Isso porque, em muitas ocasiões, o consumidor também assume o papel de anfitrião – por exemplo, quando há um reconhecimento de laços ou de pertencimento entre este e o contexto experiencial oferecido pela organização, seja por meio da tematização do ambiente e das informações apresentadas, que se relacionam com o seu passado ou de alguma forma com o seu presente (cozinha típica, danças, crenças de onde ele mora, ou de onde ele vem), seja quando a história a que a experiência se refere já faz parte de sua vida ou já foi vivenciada pelo consumidor.

Sob outro ponto de vista, em ambientes e experiências que oferecem o "diferente" ao consumidor ou hóspede, é preciso observar a hospitalidade nos esforços para inserir o cliente nas atividades ou na cultura local. Além de dedicar a ele a máxima atenção, é aconselhável lhe apresentar, de forma simplificada, atenciosa e gentil, os símbolos e as informações de maior importância sobre o ambiente e a própria experiência, fazendo-o sentir-se à vontade, bem-vindo e bem-instalado (ou bem-hospedado) ao disponibilizar um bom espaço, uma boa mesa ou um bom quarto.

Pine e Gilmore (2013) alertam, no entanto, que não é agradável forçar a participação dos consumidores em todas as experiências propostas, para que não se passe uma imagem ditatorial da organização. Ao contrário, é mais conveniente que, por meio da hospitalidade, transmita-se a sensação da aceitação e da receptividade ao consumidor, de modo que este, por si só, demonstre o desejo e as motivações necessárias para se engajar e mergulhar nas experiências oferecidas.

4.5 ANÁLISE DE CASOS, REFLEXÕES E CONSIDERAÇÕES FINAIS

A utilização dos conceitos da economia de experiências em empreendimentos e serviços tem como foco, portanto, entregar um momento de sonho, um acontecimento positivo e marcante. Esse evento deve fazer a pessoa se lembrar desse momento e, em alguns casos, levar essas memórias por toda a sua vida, dados os sentimentos ali despertados.

Nesta seção, comentaremos os casos de duas empresas que utilizam desse conceito de entrega de serviços e que, por sua vez, têm se destacado no mercado em seus respectivos setores justamente pelos sentimentos e pelos momentos diferenciados que entregam aos clientes. A proposta de análise da aplicação da teoria serve para reflexões acerca da aplicabilidade em diferentes atividades de serviços, de modo que sejam identificados exemplos no cotidiano de outras empresas.

4.5.1 Disney: onde os sonhos se tornam realidade

Um dos exemplos mais marcantes e debatidos de empreendimento que se utilizam dos princípios da economia de experiências é a Walt Disney, que fez parte da infância de muitas pessoas, por meio de histórias e produções audiovisuais, e continua marcando a vida de outras tantas, com os diversos parques temáticos e as experiências vivenciadas nesses empreendimentos. A análise a seguir é baseada nas informações contidas nos portais The Walt Disney Company (2022) e Walt Disney World (2022).

O sonho começou em 1923, com seus fundadores, Walter Disney e Roy Disney, e, desde então, muitas animações foram produzidas e inovações foram implementadas no setor cinematográfico, graças às histórias, à tecnologia utilizada, às sensações, às memórias e aos sonhos despertados nos fãs – tudo iniciado, conforme o próprio Walter Disney, com o ratinho Mickey Mouse (Pallant, 2011; The Walt Disney Company, 2022).

A criação dos parques temáticos da então Walt Disney Productions ocorreu em 1955, com o Disneyland, no estado da California, e, em 1971, com o Walt Disney World, no estado da Flórida, ambos nos Estados Unidos. Os empreendimentos puseram ao dispor dos visitantes um mundo de sonhos, histórias e emoção com a interação entre personagens e seus fãs.

O Walt Disney World, o maior dos parques temáticos de Disney, localizado em Orlando (Flórida, Estados Unidos), é composto de quatro parques temáticos. Nestes, são oferecidas atividades de lazer diferenciadas, bem como a possibilidade da interação com diversos personagens de desenhos animados em vários contextos, quais sejam: Magic Kingdom, Epcot, Disney's Hollywood Studios e Disney's Animal Kingdom, além dos parques aquáticos Disney's Typhoon Lagoon e Disney's Blizzard Beach.

Há também parques temáticos de Walt Disney em Paris (França), Tóquio (Japão), Hong Kong e Shangai (China), cada um com equipamentos de lazer específicos, entre outras atividades relacionadas às histórias contadas por Disney.

Os encontros com personagens, seja durante o *tour* pelos parques, seja durante as refeições, é parte de um conjunto maior de experiências oferecidas, havendo grande quantidade de atividades disponíveis nos equipamentos de lazer; alguns deles são montanhas-russas, eventos, peças teatrais, festivais com histórias e figuras clássicas do universo Disney, safaris, passeios aquáticos etc.

Além dos equipamentos de lazer, é possível encontrar, no Walt Disney World, diversas opções de hotéis, *resorts*, acampamentos, restaurantes e salas de teatro. Há, ainda, o Disney Cruises, que é uma companhia de cruzeiros com quatro navios que navegam pelo Atlântico Norte e pela costa americana do Pacífico, onde são oferecidas diversas experiências de Disney, com personagens e atividades alternativas (Disney Cruise Line, 2022a, 2022b).

As experiências de hospitalidade em Walt Disney World decorrem das interações estabelecidas com os diversos personagens e colaboradores do parque. Isso se manifesta por meio dos abraços, dos sorrisos e da sensação de felicidade e de calor humano que a pessoa sente ao ser acolhida por seus personagens preferidos, em um espaço de lazer e de entretenimento capaz de inserir o visitante em um mundo de sonhos. A hospitalidade se revela nos detalhes que se prestam a encantar os turistas, os hóspedes e os clientes. Para isso, é demandada uma gestão inovadora, que se paute em constantes treinamentos e preparações de todos os seus colaboradores e esteja atenta à necessidade da motivação contínua para trabalhar e para preparar e construir a imagem do personagem no colaborador. Assim deve ser feito para que fique clara para todos os funcionários a necessidade de uma interação calorosa e gentil com os visitantes, que tanto sonharam em conhecer os parques Disney, vivenciando uma experiência memorável.

A Walt Disney tem potencial para ser objeto de estudos constantes e mais aprofundados, tanto de sua história quanto dos processos de gestão de recursos humanos, de talentos e de inovação no trato com o visitante, bem como de seus diversos equipamentos de lazer, de hospedagem, de restauração etc. – afinal, é isso o que a levou, em última instância, a ser a organização que é.

No campo da hospitalidade e das experiências em serviços, analisar casos como de Walt Disney World desperta reflexões, já que lá se procura entregar o melhor da interação humana, o que, por sua vez, implica necessariamente a preparação e a motivação de seus colaboradores, para momentos que marcarão a vida de seus clientes ou visitantes. Como resultado, a empresa continuará se destacando da concorrência por meio não do serviço, mas das experiências.

4.5.2 Turismo de experiências: caso na Serra Gaúcha

Não é apenas em grandes empreendimentos que as experiências são entregues ao consumidor; o mesmo acontece nas diversas propriedades onde estão presentes as culturas e os costumes de famílias (seja no campo, seja na cidade). Nesses casos, a ideia é levar o consumidor a sentir os gostos e a viver as experiências familiares e, muitas vezes, da história do Brasil ou do país de onde essa família é proveniente. Nessa linha, o projeto Tour de Experiências, desenvolvido pelo Instituto Marca Brasil, pelo Serviço Brasileiro de Apoio às Micro e Pequenas Empresas (Sebrae) e pelo Ministério do Turismo (2010a), apresenta utilizações diversas do conceito de economia de experiências para a atividade turística no Brasil. É o que ocorre na região da Serra Gaúcha, mais especificamente nos municípios de Bento Gonçalves, Garibaldi, Caxias do Sul, Nova Prata, Veranópolis, entre outros, que carinhosamente levaram o nome de "Pequena Itália" e que se dedicam ao cultivo de uva para a fabricação de sucos, vinho de mesa, varietais e espumantes.

Para a Serra Gaúcha, o processo de implantação do conceito de economia de experiências nas propriedades levou em conta as culturas trazidas por imigrantes alemães e italianos, que povoaram a região entre 1850 e 1875 respectivamente. Ali, esses grupos de imigrantes colocaram em prática seus conhecimentos de cultivo da uva e da produção dos vinhos, de sucos etc. nas propriedades. Atualmente, seus descendentes mostram aos turistas ou visitantes toda a história, a cultura e o processo de produção.

Para isso, foi necessário um envolvimento profundo dos empreendedores da região, na busca pela inovação de experiências que o conceito exige, considerando

> o resgate de situações locais e de contextos históricos da região, tanto econômica quanto culturalmente. Assim, empresários e funcionários foram motivados a se transformar, efetivamente, em atores do processo de encantamento, aplicando aos produtos toda a riqueza de seus mitos regionais e também das histórias peculiares aos estabelecimentos. (Instituto Marca Brasil; Sebrae; Ministério do Turismo, 2010a, p. 14)

Desse modo, atividades diversas tornaram-se possíveis graças a esse novo conceito de interação com turistas, bem como as novas formas e métodos de entrega de experiências e de momentos únicos aos visitantes, direcionadas a aprendizados de novas culturas, produção de bebidas derivadas na uva, degustação e compra de produtos etc.

A proposta turística de experiências desse programa fomentou o desenvolvimento das propriedades da região, em geral familiares, não se restringindo às vinícolas, mas se estendendo à construção de locais para hospedagem, restaurantes, produção artesanal, equipamentos de lazer, roteiros turísticos, eventos, agências de viagens, e outras empresas. Logo, mostrou ser um parceiro importante para inovação nas atividades locais, permitindo transformar o turismo e as visitações em mais uma opção de renda para as famílias que ali habitam (Instituto Marca Brasil; Sebrae; Ministério do Turismo, 2010a).

Como resultado, o projeto imprimiu uma marca na região, estimulando os empreendimentos e impulsionando o trabalho em redes com lideranças, governança e empreendedores. Assim, foram mobilizados diversos setores da cadeia produtiva em busca da entrega de experiências peculiares e realizações de sonhos para os turistas. Ademais, foram trabalhadas suas respectivas culturas, histórias familiares e experiências, as quais também fazem parte da construção histórica do estado do Rio Grande do Sul e do Brasil (Instituto Marca Brasil; Sebrae; Ministério do Turismo, 2010a).

Outros exemplos são citados nos projetos desenvolvidos pelo Instituto Marca Brasil, pelo Sebrae e pelo Ministério do Turismo (2010b), ampliando significativamente os ambientes e os destinos de aplicação dos conceitos de economia de experiências. Cidades e regiões como Belém (Pará), Bonito (Mato Grosso do Sul), Costa do Descobrimento (Bahia) e Petrópolis (Rio de Janeiro) ilustram experiências também em espaços de natureza, culturas indígenas, cidades históricas e outras.

A economia de experiências é diversa, sempre tendo em vista entregar ao turista, ao hóspede, ao cliente ou aos visitantes momentos que fiquem marcados em suas vidas, adequando-se às atividades desempenhadas em cada tipologia de empresa. Isso requer, por óbvio, estudos, estratégias e compreensões das necessidades de seu público-alvo, a fim de que se enseje uma infinidade de inovações.

4.5.3 Síntese e reflexões

A economia de experiências está direcionada ao interesse de entregar para o consumidor/cliente momentos agradáveis os quais remetam a memórias de sua vida ou crie lembranças de um evento especial. Isso é feito ao se trabalhar momentos de entretenimento, ativação dos sentidos (visão, tato, paladar) e conhecimentos diversos enquanto o cliente está sob os cuidados de uma empresa.

Pelo viés da hospitalidade, momentos de interação e de lazer ocorrem mais fácil e naturalmente em contextos de receptividade, acolhimento e abertura para o relacionamento (tanto entre clientes e colaboradores, quanto entre os próprios clientes). O objetivo é a concepção de um ambiente de mútua receptividade e de hospitalidade, em que os envolvidos participem direta ou indiretamente da criação de um momento único que ficará marcado na mente de todos positivamente.

Contudo, visto que a economia de experiências é um conceito aplicável em diversas realidades, sugerimos que você, leitor(a) componha um *benchmarking*, ou seja, um estudo das práticas de experiências em empresas diversas, valendo-se de: informações disponíveis nos portais *on-line* de tais organizações; de recomendações em redes sociais; do portal do TripAdvisor, no caso de mercado de turismo e hotelaria etc.. O objetivo é verificar como são aplicados esses conceitos no dia a dia das empresas e como pode ser internalizado em sua prática diária profissional, leitor. Esse estudo tem potencial de gerar *insights* e contribuições de conceitos de serviços, para a criação de experiências no cotidiano de qualquer empresa.

Tendo como base tais estudos de *benchmarking* no mercado ou no setor em que você atua, recomendamos que faça a si mesmo as seguintes perguntas:

- ❖ De que forma essa empresa constrói ou entrega uma experiência? O que foi possível notar?
- ❖ Quais experiências foram percebidas como as mais marcantes? O que gerou um maior número de *likes*, de engajamentos ou de opiniões positivas, de acordo com os

clientes dessas empresas nas redes sociais ou nos portais de opinião?
- De que modo essas experiências, novos *insights* ou ideias de experiências poderiam melhorar os serviços?
- É possível se basear na economia de experiências para a criação de novas interações e relacionamentos com os clientes?
- De que modo é possível criar ou melhorar o ambiente de hospitalidade, para que os clientes se sintam à vontade, seguros e acolhidos não só de forma física, mas também emocional?

O propósito norteador, portanto, deve ser sempre proporcionar experiências e hospitalidade, em ambientes livres de julgamentos, de incertezas e de frieza, visando ao engajamento de ambas as partes, de modo que o serviço e as experiências rendam momentos agradáveis e positivamente marcantes.

Dragon Images/Shutterstock

5

Marketing de experiências e comportamento do consumidor

Enfatizamos no capítulo anterior que a economia de experiências se refere a um novo método de realização de serviços ou de promoção de momentos que marcarão positivamente a vida dos clientes. Não se trata de um serviço comum, mas de permitir, de modo mais aprofundado, que os clientes tenham experiências e relacionamentos positivos com a empresa e com a marca.

É possível inserir o conceito de economia de experiências no planejamento e no *marketing*, sabendo-se que esta área estuda e implementa um conjunto de estratégias de comunicação, de engajamento, de estímulos que visam a satisfazer as demandas e as necessidades de seu público-alvo (Yanaze, 2006).

A Associação Americana de Marketing (do inglês, American Marketing Association – AMA), a mais antiga associação de profissionais e pesquisadores ligados a essa área, define esse campo como "processo de planejar e executar a concepção, estabelecimento de preço, promoção e distribuição de ideias, bens e serviços, para criar trocas que satisfaçam objetivos individuais e organizacionais" (AMA, citado por Yanaze, 2006, p. 7).

Nesse âmbito, foram tradicionalmente estabelecidos os chamados *4 Ps do marketing*, que direcionam as estratégias organizacionais referentes àquilo que a empresa exterioriza ou coloca à disposição do mercado (Lovelock; Wirtz; Hemzo, 2011; Yanaze, 2006). Detalhadamente, são eles:

1. Produto: o que se quer vender, os serviços, as ideias, os programas, os bens materiais ou imateriais etc.
2. Preço: a remuneração ou o sacrifício financeiro necessário para a aquisição do produto.
3. Praça/distribuição/vendas.
4. Promoção/comunicação.

Portanto, no prisma da economia de experiências, o desenvolvimento de estratégias e/ou de métodos de comunicação com o público consiste na primeira etapa da potencial entrega de experiências, o que é feito pelo engajamento das pessoas no serviço oferecido. Nesse contexto, a contribuição do *marketing* é informar os clientes dos diferenciais da empresa e daquilo que se deseja entregar, bem como criar as primeiras sensações de experiências, de estímulos e de emoções, de sorte que a mensagem e a forma de se comunicar com o público sejam igualmente marcantes.

Compreender o comportamento do consumidor é um passo fundamental para se identificarem: as experiências com mais potencial de aderência do público; as atividades a serem oferecidas; as características do ambiente; as cores mais apropriadas; a disposição dos móveis; o momento de oferecer determinadas atividades; as interações entre colaboradores, anfitriões e clientes; entre outros aspectos.

Conforme Solomon (2016), no *marketing*, especificamente, a compreensão do comportamento do consumidor subsidia uma comunicação mais precisa com os clientes já atendidos ou em potencial, no que tange: ao tipo de mensagem a ser transmitida (de modo que ela seja realmente marcante); aos meios de comunicação utilizados para falar com o público; às estratégias de identificação do público adequado que receberá esta mensagem etc.

Um dos métodos empregados no *marketing* para se detectarem o comportamento e a motivação dos consumidores na escolha de um produto ou serviço foi emprestado da psicologia, mais especificamente da hierarquia das necessidades de Abraham Maslow.

Valendo-se dessa proposta, é possível identificar quais tipos de benefícios as pessoas podem procurar nos produtos ou nos serviços, "dependendo de seus diferentes estágios de desenvolvimento mental ou espiritual, ou de sua situação econômica" (Solomon, 2016, p. 21).

Figura 5.1 – Hierarquia das necessidades de Maslow

Lado esquerdo	Pirâmide (do topo à base)
Experiências, autossatisfação, *hobbies*	Autorrealização: experiências enriquecedoras
Reconhecimento do serviço, *status* gerado pela organização	Egocentrismo: prestígio, *status*
Características do serviço, segmentação e público	Pertencimento: amor, amizade, aceitação
Espaço seguro, sistema de alarme, transmissão de segurança	Segurança: abrigo, proteção
Alimento, repouso, artigos básicos	Fisiologia: água, sono, alimento

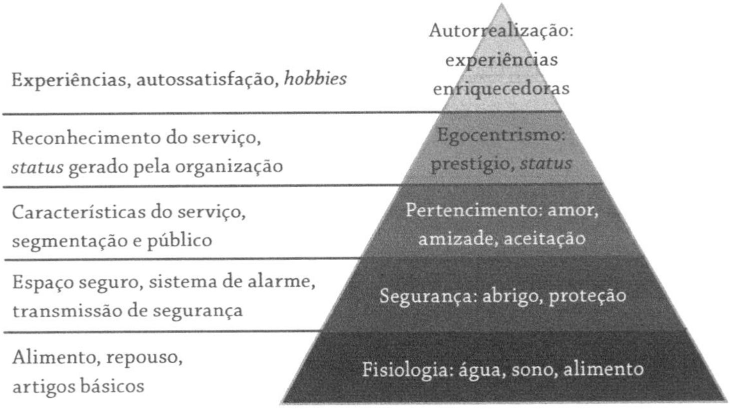

Fonte: Elaborado com base em Solomon, 2016.

Assim, o conhecimento das características, do comportamento e do interesse do consumidor possibilita delimitar quais são as mensagens mais adequadas para cada etapa da apresentação do serviço e da organização. Tomando como base a hierarquia de necessidades de Maslow, é possível desenvolver a seguinte reflexão a respeito dos níveis estabelecidos pelo autor aplicados à entrega de um serviço:

- ❖ **Fisiológico**: demonstração dos alimentos servidos, do espaço para descanso ou para necessidades pessoais.
- ❖ **Segurança**: transmissão da confiança, proteção contra intempéries, como a chuva, limpeza do ambiente e vigilância.
- ❖ **Pertencimento**: aspectos vinculados à hospitalidade: contato humano, receptividade, aceitação e abertura para a interação.

❖ **Egocentrismo ou autoestima**: reconhecimento do serviço ou da organização dentro do grupo ou da comunidade do potencial cliente; *status*, prestígio, valor, cuidados nos serviços e conforto do ambiente.

❖ **Autorrealização**: experiências diferenciadas e capazes de despertar nostalgia, autorrealização e autossatisfação relacionadas aos gostos dos usuários, bem como aprendizados e autoconhecimento gerados pelas atividades realizadas no espaço.

Nessa perspectiva de serviço e de relacionamento com o cliente, em que o alvo são as experiências, as principais diferenças para o *marketing* tradicional estão na visão sobre quem são e o que desejam os clientes. Nessa nova abordagem, os consumidores são entendidos como pessoas racionais e emocionais e que querem ser estimuladas criativamente, já que buscam no serviço muito mais do que benefícios funcionais.

Quadro 5.1 – Diferenças entre *marketing* experiencial e tradicional

Marketing experiencial	*Marketing* tradicional
As **experiências** supõem a verdadeira motivação e o estímulo na decisão de compra. Elas conectam o cliente com a marca e o negócio.	Baseado nas características e nos **benefícios funcionais** dos produtos ou serviços.
Os clientes são **indivíduos racionais e emocionais**. Eles baseiam suas decisões em estímulos sensoriais; desejam ser estimulados e provocados de forma criativa.	Os clientes são sujeitos **racionais** no processo de tomada de decisão.
Consumo concebido como **experiência holística**. A situação de consumo é avaliada pela determinação do Vetor Sociocultural de Consumo (VSSC), porque o cliente determinará qual produto se encaixa em sua situação de consumo e a quais experiências deseja aderir.	Definem-se estritamente a categoria e a competência do **produto**.

Fonte: Elaborado com base em Moral; Alles, 2012.

Nesse sentido, a variedade de mensagens e de apresentações tem se ampliado significativamente à proporção que as plataformas de contato também se multiplicam, especialmente com as plataformas digitais e as redes sociais. Nesse cenário, os potenciais contatos com o cliente bem como as diversas possibilidades de experiências e de relacionamentos com a organização (durante todo o processo de consumo) são e devem ser consideradas nos planos de *marketing*.

Diante dessa realidade, neste capítulo discorreremos sobre o *marketing* de experiências e alguns dos novos métodos de comunicação de conteúdos organizacionais e da promoção de serviços. Essa abordagem comunicacional, reforçamos, está centrada no ser humano e na criação de engajamento e de um relacionamento mais aprofundado com o consumidor, com base em valores, reconhecimento mútuo e hospitalidade.

5.1 DELIMITAÇÃO DE PÚBLICO E COMUNICAÇÃO: SEGMENTAÇÃO E COMPORTAMENTO DO CONSUMIDOR

A segmentação é um dos temas mais estudados no *marketing*, pois busca compreender o mercado heterogêneo (diverso ou de demandas divergentes) como um grupo de mercados homogêneos menores, com características, demandas por produtos ou por serviços ou buscas por resultados mais assemelhados (Tomanari, 2003; Yanaze, 2006). As estratégias de segmentação, desse modo, partem do princípio de que não é possível compreender profundamente e individualmente o universo de clientes, já que existem divergências entre gostos, preferências, resultados buscados e até mesmo locais de vendas, que necessitam ser compreendidos e estudados pela empresa fornecedora do produto ou do serviço, sob o risco da perda da competitividade ou do surgimento de outras instituições que compreendam essas características, atraindo o público de maneira mais consistente.

Ainda, as preferências ou as escolhas de um consumidor levam em conta outros fatores determinantes que os direcionam a certos produtos ou serviços. Malhotra (2013) menciona alguns deles:

- **Fatores pessoais**: as compras de uma pessoa são influenciadas por suas características pessoais, como estágio no ciclo de vida, idade, ocupação, nível educacional e renda.
- **Fatores psicológicos**: trata-se das percepções relacionadas ao produto, das crenças, das atitudes, dos comportamentos, dos valores, da curiosidade, da dominância e do prazer individuais.
- **Fatores sociais**: são as influências do grupo social ou cultural do consumidor e, portanto, das pessoas com quem convive, da sua classe social, das regras familiares ou de grupos de referência, como amigos e colegas.

Diante disso, as bases para segmentação são extensas; afinal, as características pessoais, psicológicas e sociais dos consumidores também o são, fomentando outras possibilidades estratégicas de relacionamento e contato com o usuário. Essas bases usualmente são divididas nos seguintes eixos (Tomanari, 2003):

- **Geográfica**: por região, estado, cidade, vizinhança e outros. Esse aspecto varia de acordo com o local onde o consumidor vive ou frequenta, bem como com as características de cada região geográfica.
- **Demográfica e socioeconômica**: por sexo, idade, estado civil, nível educacional, renda, profissão.
- **Benefícios procurados**: por expectativa do consumidor quanto aos benefícios procurados no produto ou no serviço, por suas necessidades ou satisfações, pela economia, pela durabilidade, pelo prestígio social, pela modernidade e outros.
- **Psicográficas**: pelos valores, pelas atitudes, pelos interesses, pelas opiniões e pelas personalidades. Essa última base envolve, além de comportamentos, pensamentos e emoções.

Mesmo lançando mão das estratégias de segmentação, é um desafio compreender com alguma precisão o comportamento de compra do consumidor. Por essa razão, fazem-se diversas combinações de estratégias de modo a alcançar maior segmentação e, assim, ter alinhamento mais apurado com as expectativas e as necessidades do consumidor, bem como induzi-lo a estabelecer novos relacionamentos afetivos com as marcas.

Nesse sentido, Spies (2016, p. 76) lembra que se vive na era do conhecimento, na qual se podem agregar cultura e novas habilidades pelo simples acesso à internet, assim como pela troca de experiências, as quais são capazes de modificar as percepções e os interesses dos consumidores. Tal ferramenta também pode ser extremamente útil para os profissionais do *marketing* na inovação constante no trato com o consumidor, levando em conta suas aspirações, seus valores pessoais e o quanto sua compra atenderá a esse conjunto de valores ou suas particularidades (Solomon, 2016).

As novas formas de interação direcionam, como já comentamos, a busca do público não mais ao *ter*, mas ao *ser*, o que fomenta uma nova compreensão de produtos e de serviços voltados a entregar experiências. Forja-se, assim, um consumo integrado, carregado de significados muito mais emocionais do que racionais. Isso, por seu turno, promove relações ou ligações muitas vezes de afeto com a opção de compra, entre outras possibilidades, como as citadas por Solomon (2016) e Spies (2016):

- **Ligações de autoconhecimento:** o produto ou o serviço ajuda a formar a identidade do comprador.
- **Ligações nostálgicas:** o produto serve como elo com o "eu" do passado do comprador.
- **Interdependência:** o produto ou o serviço compõe parte da rotina do usuário.
- **Amor:** o produto ou o serviço promove elos emocionais de afeto/paixão, entre outras emoções.

Desse modo, ao se estudar o *marketing* no contexto da economia de experiências, é importante se ter em mente o perfil do consumidor. Isso engloba levar em conta suas necessidades e desejos, de modo que a comunicação e a própria mensagem gerem, mesmo antes da compra, um momento único e inesquecível para o usuário, instigando-o a conhecer mais tanto o que se vende quanto quem o vende (Moral; Alles, 2012; Spies, 2016).

A segmentação e a compreensão do comportamento do público aspira à diferenciação perante a concorrência, bem como à busca por conferir vida, significado e características humanizadas à empresa. O propósito é fazer a organização ser reconhecida por seu público ao atender a suas expectativas e seus sentimentos; como resultado, certo produto, serviço ou empresa logra ocupar posição de destaque na mente do consumidor. Para isso, as empresas usam uma variedade de bases para o posicionamento, a fim de garantir que seus produtos ou serviços não apenas supram as necessidades de seus consumidores, mas também, sob o prisma da economia de experiências, suscitem emoções que levem a experiências diferenciadas por meio da mensagem e das interações, incluindo-se:

- preço e qualidade;
- atributos e características do que é comercializado;
- características sensoriais marcantes, perfumes, sons, imagens etc.;
- valores e envolvimento com a marca e sua história;
- percepções que permitem um reconhecimento de características ou personalidade entre consumidor e a organização – o consumidor precisa se reconhecer na marca ou na empresa a partir da representação de suas preferências e posições de vida (um exemplo é o conceito de hotel Jo&Joe, da Accor, voltado para um público com espírito jovem, alegre, que gosta de fazer amigos e conhecer novas culturas por onde viaja); e
- em relação aos concorrentes, de modo a não concorrer diretamente com os líderes de mercado, buscando encontrar atributos ou características que o levem a um mercado ainda não completamente explorado.

Quanto mais informado o público se torna e quanto mais contatos com diversas empresas ele mantém em certo mercado, mais desafiador é adotar estratégias acuradas de *marketing*, com mensagens corretas e bem-direcionadas. Igualmente, maior é a expectativa dos consumidores diante do produto, serviço ou organização.

Portanto, inovação e estudos e pesquisas de mercado revelam-se uma necessidade para estimular ideias ou *insights* que viabilizem a evolução das compreensões da empresa sobre o mercado. Por conseguinte, a empresa pode conceber experiências cada vez mais consistentes e marcantes, reafirmando, por meio das comunicações e das interações realizadas, seu posicionamento na mente do consumidor, seus valores e sua razão de ser ou de existir.

5.2 STORYTELLING

Temos versado ao longo deste capítulo sobre o intuito de engajar o consumidor valendo-se de suas emoções, planejando, sempre com criatividade, as estratégias de comunicação. Isso para garantir que a mensagem veiculada desperte interesse pela empresa mediante reconhecimento mútuo ou identificação com os objetivos e com a missão da empresa. Para isso, é preciso proporcionar experiências autênticas lidando com emoções e aprendizados.

O *storytelling* pode contribuir para esse propósito por ser, caracteristicamente, uma estratégia de "contar histórias" ou narrativas (da empresa, de seus fundadores, de seus produtos, de seus desafios e outros), estimulando no consumidor a vontade de participar dessa história.

Kotler, Karatajaya e Setiawan (2010) citam duas formas de engajar e de convencer as pessoas. A primeira envolve basear as ideias em fatos, em números ou em argumentos racionais, comunicando os benefícios ou as vantagens funcionais da utilização de determinado produto ou da compra em determinada empresa. A outra, segundo eles muito mais eficaz, consiste em criar histórias atrativas em torno de ideias, despertando emoções que engajem o consumidor e que o façam se sentir parte da história ao se relacionar com a empresa.

Para que uma história seja capaz de atrair o consumidor para uma marca, são fundamentais três componentes, quais sejam, conforme Kotler, Kartajaya e Setiawan (2010):

1. **Personagem**: que seja relevante na vida das pessoas, que apresente características reconhecidas por seus consumidores, simbolizando a marca pelo espírito humano.
2. **Enredo**: o desafio ou os momentos que apresentem problemas e que precisam ser vencidos pelos personagens apresentados, representando a empresa.
3. **Metáfora**: termos, símbolos ou significados que atraiam os consumidores para os desafios da marca mediante problemas sociais que a empresa ou o produto se propõe a resolver.

O fato é que as companhias estão percebendo que todas as ferramentas tecnológicas de comunicação são inefetivas sem uma estratégia de *marketing* de conteúdo adequada. Eis aí uma razão para colocar o *storytelling*, as histórias e o conteúdo da empresa no centro de todas as estratégias de comunicação (Pulizzi, 2012).

Figura 5.2 – *Storytelling* e ferramentas digitais

Redes sociais — Otimização de mecanismo de busca (SEO) — STORYTELLING — Geração de *leads* (compradores)

Fonte: Pulizzi, 2012, p. 119, tradução nossa.

Conforme temos discutido, no cenário atual, o cliente busca, antes de consumir, reconhecer-se por meio de determinada marca, isto é, ele tenta encontrar nela sua personalidade e seu lugar na sociedade. Diante desse comportamento, tem se mostrado bastante eficiente engajar o consumidor mediante diferentes narrativas que se valem das emoções e da criatividade para reforçar o posicionamento da empresa na mente desse sujeito. Para isso, recorre-se à humanização da organização, a seus desafios a serem vencidos cotidianamente e a seus produtos (Solomon, 2016).

Portanto, o *storytelling*, no âmbito do *marketing*, se vale de aspectos emocionais para apresentar de forma humanizada a empresa, permitindo também:

- a evolução da empresa, de sua missão e visão, em sua busca de um mundo melhor e com mais experiências marcantes;
- a apresentação das razões da criação, das características e a evolução de seus produtos e/ou serviços, em busca da melhoria contínua para seus consumidores;
- a conscientização e o compartilhamento de normas, de valores e de sua cultura empresarial;
- o conhecimento de personagens, de personalidades da empresa, que reforçam o caráter identitário da empresa com seu público;
- a exibição de desafios e de como estes foram vencidos no processo evolutivo da empresa;
- a criação ou a orientação de comportamentos dos consumidores, tendo em vista a personalidade da marca e de sua história;
- a motivação ou o engajamento quanto ao consumo, posicionando o consumidor como cocriador da história da empresa, uma vez que ele participa de sua construção e da formulação de seu portfólio de produtos;
- a manutenção da memória da empresa, garantindo sua longevidade, assim como a das próximas gerações de colaboradores, consumidores e parceiros; e
- o reforço à reputação da empresa perante seus consumidores, competidores, parceiros e colaboradores, estabelecendo a admiração e o respeito, por meio de sua história.

Os benefícios apresentados são apenas alguns entre aqueles obtidos por meio do *storytelling*, entre os quais figuram também a evolução e a utilização das diversas modalidades de comunicação digital para expandir seu alcance e reforçar o posicionamento da marca na mente do consumidor. Passamos a explanar, na próxima seção, sobre esse assunto, dado que as estratégias de *marketing* evoluem à proporção que seus métodos de comunicação representam oportunidades de encantamento e experiências.

5.3 NEUROMARKETING E RELAÇÕES COM MARKETING SENSORIAL

Para gerar experiências diferenciadas no consumidor desde os primeiros momentos de contato com a empresa, o *neuromarketing*, uma das vertentes do *marketing*, propõe-se a compreender o papel dos comportamentos valendo-se dos conhecimentos sobre o cérebro humano, ou seja, dos estudos da neurociência. De fato, tais estudos são os mais dinâmicos que existem, já que ainda há muito o que ser explorado e descoberto sobre esse órgão do corpo humano, bem como muito ainda existe para ser discutido sobre seus métodos de aplicação ao *marketing*.

Por conta disso, é importante que os profissionais que desenvolvem estratégias utilizando-se das emoções e dos sentimentos, tanto conscientes quanto inconscientes do consumidor, estejam atentos à criação de gatilhos mentais positivos – propondo uma experiência aprazível de consumo e de interação – e, obviamente, evitando gatilhos negativos, que geram vícios ou memórias desfavoráveis (Gabriel; Kiso, 2020).

O cérebro humano é dividido em diversas dobras, em quatro seções arredondas (lobos) (Zurawicki, 2010):

1. **Lobo frontal**: localizado na parte anterior do cérebro, é a área em que se processa o planejamento, a organização e o controle do comportamento, a memória de curto prazo, a criatividade, o julgamento e a resolução do problema.

2. **Lobo occipital:** situado na parte posterior, associa-se ao processamento visual.
3. **Lobo temporal:** próximo das têmporas e orelhas, está associado à percepção e ao reconhecimento dos estímulos auditivos, da memória e da fala. Além disso, está ligado à atribuição do valor emocional aos estímulos, às situações e às memórias.
4. **Lobo parietal:** localizado acima do lobo occipital e atrás do lobo frontal, é encarregado de integrar as informações sensoriais do espaço e se associa à capacidade de se movimentar, à localização dos objetos e às relações entre números.

Figura 5.3 – Visão das áreas gerais do cérebro e suas funções

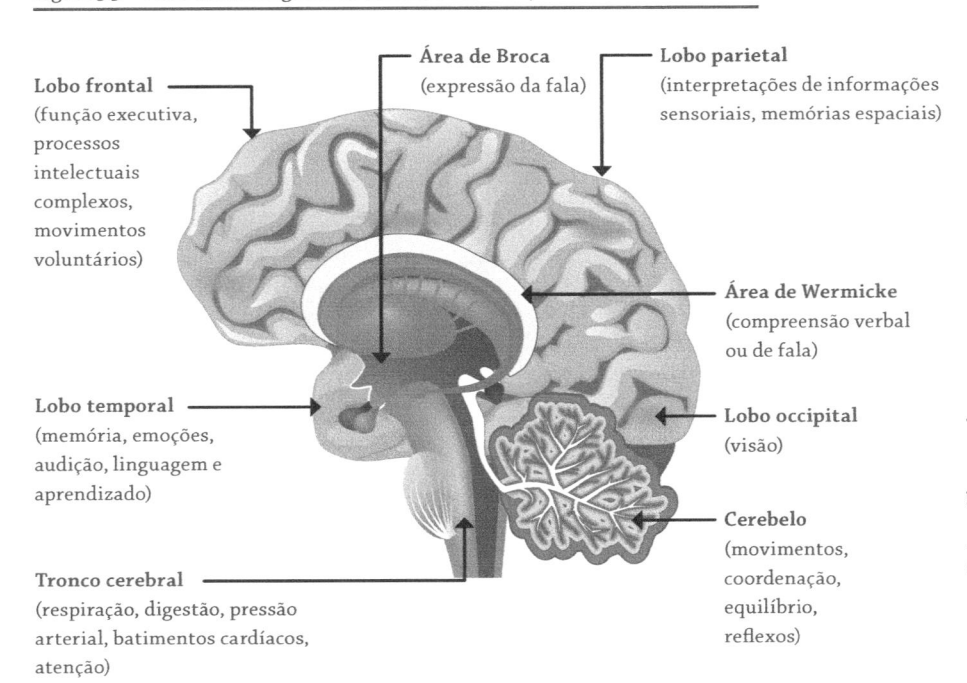

Lobo frontal (função executiva, processos intelectuais complexos, movimentos voluntários)

Área de Broca (expressão da fala)

Lobo parietal (interpretações de informações sensoriais, memórias espaciais)

Área de Wermicke (compreensão verbal ou de fala)

Lobo temporal (memória, emoções, audição, linguagem e aprendizado)

Lobo occipital (visão)

Cerebelo (movimentos, coordenação, equilíbrio, reflexos)

Tronco cerebral (respiração, digestão, pressão arterial, batimentos cardíacos, atenção)

Fonte: Zurawicki, 2010, p. 4, tradução nossa.

Segundo Gabriel e Kiso (2020), a teoria mais aceita, didática e popular de compreensão do cérebro humano é aquela escrita pelo neurocientista Paul MacLean, nos anos 1960, conhecida por **teoria do cérebro trino**, que afirma que o cérebro é um órgão que evoluiu em camadas ao longo do tempo, sendo possível representá-lo conforme mostra a Figura 5.4.

Figura 5.4 – Representação do modelo do cérebro trino – neocórtex, sistema límbico e cérebro repitiliano

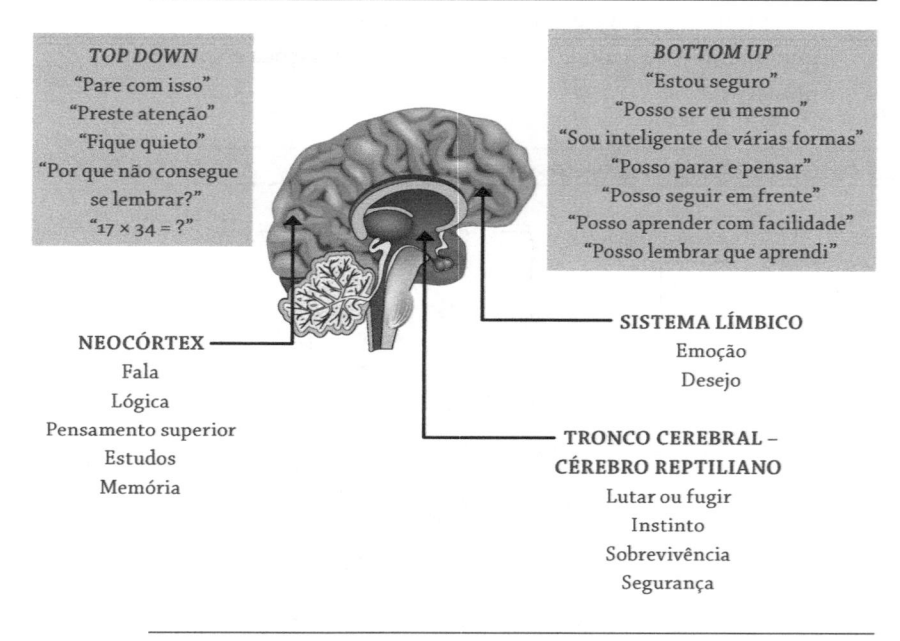

TOP DOWN
"Pare com isso"
"Preste atenção"
"Fique quieto"
"Por que não consegue se lembrar?"
"17 × 34 = ?"

BOTTOM UP
"Estou seguro"
"Posso ser eu mesmo"
"Sou inteligente de várias formas"
"Posso parar e pensar"
"Posso seguir em frente"
"Posso aprender com facilidade"
"Posso lembrar que aprendi"

NEOCÓRTEX
Fala
Lógica
Pensamento superior
Estudos
Memória

SISTEMA LÍMBICO
Emoção
Desejo

TRONCO CEREBRAL – CÉREBRO REPTILIANO
Lutar ou fugir
Instinto
Sobrevivência
Segurança

Designua/Shutterstock

Fonte: Gabriel; Kiso, 2020, p. 121.

O cérebro trino é constituído por:

1. **Tronco cerebral ou cérebro reptiliano**: porção mais antiga do cérebro, a qual está relacionada à sobrevivência.
2. **Sistema límbico**: segunda camada do cérebro, atrelada à emoção e aos desejos.
3. **Neocórtex**: refere-se ao lado mais novo do cérebro, sendo este responsável pelo pensamento lógico.

Outra teoria sobre o cérebro é a de Daniel Kahneman, que apresenta a influência das decisões humanas com base em fatores conscientes e inconscientes, referindo-se a dois sistemas de pensamento (Gabriel; Kiso, 2020).

- Sistema 1: mais rápido, automático, instintivo, emocional, inconsciente, compras por impulso. Ativo na maior parte do tempo, pois demanda menor gasto de energia.
- Sistema 2: mais lento, racional, deliberativo, lógico, consciente, compras ponderadas. Demanda, portanto, maior gasto de energia.

Desse modo, estudos e uma maior compreensão do funcionamento do cérebro humano revelam a importância dos aspectos emocionais para o *marketing* no estímulo a comportamentos de compra. Isso fica evidente sobretudo quando se busca entregar ao consumidor novas experiências ligadas tanto ao produto quanto à empresa, abrindo caminho para ações ou campanhas mais direcionadas à criação de laços com o consumidor.

Entre as ações visando ao *neuromarketing*, destaca-se a potencialidade do *marketing* sensorial, ou seja, a criação de gatilhos mentais por meio dos cinco sentidos, para impelir o consumidor a ter comportamentos ou intenções de compra, muitas vezes inconscientes.

5.3.1 Visão

Imagens que remetem ao calor humano, à diversão, ao conforto de se estar entre família, de pessoas sorrindo e se divertindo são utilizadas geralmente em anúncios de viagens e de hotéis que buscam atrair famílias ou qualquer consumidor que procura o descanso e a diversão.

Figura 5.5 – Imagem que remete a momento de descontração e afeto entre pai e filha

NDAB Creativity/Shutterstock

Como apresentado na figura acima, ou em qualquer imagem que remeta a um momento semelhante ou com igual objetivo, busca-se ativar o desejo pela diversão com filhos e com a família, a lembrança de férias dos sonhos ou de espaços onde é possível gozar da companhia de familiares ou amigos. Imagens como a ilustrada ativam o lado emocional da socialização, despertando tanto os sentimentos relacionados às obrigações familiares ou sociais, quanto o desejo da descontração, apoiando-se sobretudo em sentimentos inconscientes da necessidade humana de se relacionar.

As cores também exercem influência visual; aliás, há vários estudos que investigam o sentimento que cada tonalidade exerce sobre as pessoas. Portanto, é possível utilizar determinadas cores para empregar certas estratégias de posicionamento de marcas, de serviços e de empresas ou procurando conscientizar clientes sobre determinadas mensagens. Por exemplo, o vermelho indica urgência; outras cores vivas ou quentes demonstram calor ou energia; e cores claras transmitem calma. Nesse sentido, muitas teorias foram desenvolvidas relacionando as cores aos sentimentos humanos, as quais também merecem atenção.

5.3.2 Audição

Sons remetem a lembranças, a emoções, a músicas que ativam a nostalgia dos consumidores. Do mesmo modo, estilos musicais podem se ligar ao produto que se oferece ou à empresa, comunicando a ideia de estar em consonância com um possível estilo de vida do consumidor.

Não à toa, restaurantes temáticos utilizam-se de sons ou de músicas para remeter a essa ligação entre organização e estilo de vida, origem, interesses, características culturais do entorno etc. Essa é uma estratégia utilizada também por hotéis, que podem executar músicas calmas e relaxantes em seu *lobby* ou na área da recepção, por exemplo, comunicando a sensação de descanso, segurança e conforto.

Tanto a visão quanto a audição são sentidos que podem contribuir para as estratégias do *storytelling*, assunto que abordamos anteriormente neste capítulo. Ao se trabalharem tais sentidos, ativam-se emoções do consumidor e criam-se laços tanto com a organização quanto com as pessoas que a integram, primando pelo cultivo de valores em comum ou a defesa de causas, como em organizações não governamentais (ONGs) ou em empresas que aderem a pautas sociais.

Sons como os da natureza – de mar, de árvores, de pássaros, de cachoeiras – geralmente transmitem calma. De tal modo, empresas ou serviços que pretendem transmitir essas ideias aos consumidores ou que oferecem serviços que envolvem relaxamento, massagens, tratamentos corporais utilizam-se desses sons. Podem, então, empregar esses elementos para informar aos clientes quanto aos tipos de serviços e de sensações que são esperados ao comprarem os serviços dessa companhia; há a possibilidade, inclusive, da utilização, no ambiente, de luzes de cores que transmitam calma, conforme conceitos da cromoterapia.

5.3.3 Olfato

Semelhantemente aos sons, os cheiros remetem a lembranças, principalmente aqueles que são agradáveis aos consumidores e que, portanto, são atrativos. Os odores podem aludir a comidas ou a bebidas, como o chocolate, o café, os doces. Assim, a empresa pode atrelar um cheiro ao serviço que oferece, atraindo, de modo sensorial, o consumidor.

Uma empresa que bem aproveitou o poder dos aspectos olfativos foi a Melissa, que conseguiu associar o cheiro de gomas de mascar a seus calçados para fazer seus consumidores sentirem algo agradável simplesmente ao passar em frente a uma de suas lojas. Outro exemplo é a Cacau Show, que exala o cheiro do chocolate para atrair seus consumidores, ou o Café no Ponto, que o faz com o cheiro de café para criar a sensação de conforto e de se "estar em casa" naqueles que apreciam a bebida.

Odores que remetem à natureza também são aspectos que influenciam as emoções ou o desejo de compra do consumidor, já que ativam memórias de relaxamento; de calma ligada a viagens, a praias; a fazenda, ou a trilhas.

5.3.4 Tato

As sensações e as memórias estão relacionadas aos estímulos táteis, tanto no sentido do toque (em superfícies ásperas ou lisas, por exemplo) quanto no de sensações de temperatura (como em ambientes frios ou quentes); englobam, ainda, outros fatores, como a sensação de dor, de pressão etc. Assim ocorre porque esse sentido não se restringe às percepções mediadas pela pele das mãos; se dá por toda a extensão da pele, incluindo, até mesmo, mucosas e algumas vísceras (Santos, 2022).

Por essa razão, é possível estimular diversas percepções e sensações nos consumidores de acordo com as informações sensoriais do ambiente e das superfícies com as quais o cliente terá contato durante sua visita – como uma possível sensação de segurança e de acolhimento em ambientes que sejam quentes ou de conforto em superfícies lisas e macias. Tais preparações ou adaptações visando ao estímulo sensorial do tato são, sobretudo, utilizadas no espaço onde os relacionamentos irão acontecer, no intuito de entregar informações e sensações aos consumidores antes mesmo de o serviço principal ser entregue ou iniciado.

Sob a perspectiva do *marketing*, é também possível vislumbrar a criação de expectativas relacionadas ao tato por meio da visão. Assim, perante imagens do ambiente de serviços, o cliente pode escolher certos serviços ou ser atraído por empresas que prezam por determinadas características sensoriais e por aspectos relacionados ao conforto e à ideia de acolhimento do espaço.

5.3.5 Paladar

As papilas gustativas são estruturas que guardam, em seu interior, células sensoriais quimiorreceptoras e que se encontram principalmente na língua (Santos, 2022). Elas participam da capacidade humana de perceber sabores, os quais também podem ser associados a memórias afetivas. É possível aproveitar esse sentido humano para estimular sensações e emoções por meio de degustações de alimentos em áreas diversas; o objetivo é a atração do cliente ou do consumidor para a compra ou, ao menos, para o estreitamento de laços e relacionamento com determinada empresa.

As ações em supermercados e *shopping centers* são exemplos claros e corriqueiros da utilização do paladar para o engajamento com marcas. A estratégia consiste em servir uma pequena degustação de determinados alimentos ou bebidas para criar sensações naqueles que, estando de passagem, aceitam provar o produto. Em restaurantes, tanto quanto em outros empreendimentos que sirvam alimentos, bebidas ou até mesmo petiscos, busca-se criar memórias agradáveis do momento da apreciação, ligando tais sensações à empresa e aos serviços recebidos.

Memórias por meio do paladar são também estimuladas quando envolvem o *comfort food*, conceito da gastronomia relacionado aos sentimentos nostálgicos com pratos ou alimentos que remetem à infância ou ao passado. Isso é feito com alimentos simples, mas que geram conforto e recordações da vida dos consumidores (Spence, 2017). Contudo, é preciso ter cuidado para não decepcionar o consumidor com o que é servido, pois uma ação de *marketing* envolvendo comidas pode não dar certo se os ingredientes não forem corretamente escolhidos ou se o público-alvo das degustações não for selecionado com a máxima precisão possível.

Em suma, o *neuromarketing* fornece conceitos capazes de gerar um engajamento mais profundo do consumidor com a organização e com o serviço, por meio dos sentimentos e dos estímulos sensoriais do público-alvo. Contudo, é necessário ter um cuidado ético quando se envolvem estímulos ou sentimentos mais profundos em consumidores, já que podem envolver possíveis vícios, traumas ou lembranças negativas de episódios da vida dos clientes. Por essa razão, é recomendável, sobretudo em casos mais sensíveis, a consulta a um neurocientista, para a indicação dos melhores métodos e opções visando sempre às experiências positivas e agradáveis.

5.4 MARKETING DE RELACIONAMENTO

No processo de planejamento de *marketing*, além de segmentar e de selecionar os públicos-alvo, almejando um bom posicionamento da empresa e dos serviços na mente dos consumidores, é imprescindível buscar o relacionamento constante e duradouro com esse público. Em outras palavras, é crucial fidelizá-lo para que, no futuro, dê origem a um volume crescente de receita para a empresa (Lovelock; Wirtz; Hemzo, 2011; Soares; Monteiro, 2015). Sobre esse aspecto, Malhotra (2013, p. 1) declara: "para beneficiar a empresa e seus *stakeholders*, é necessário que se estabeleça uma abordagem orientada para o consumidor", ensejando uma relação de "ganha-ganha'", na qual a meta não é tão somente alcançar ou atingir os próprios objetivos organizacionais, mas também conhecer e satisfazer as necessidades dos consumidores.

Desse modo, o *marketing* de relacionamento justifica-se pela atenção e pelo monitoramento do mercado em seu sentido amplo. Especificamente, não basta observar e buscar compreender seus consumidores, é preciso identificar os concorrentes, com o objetivo de se tornar autoridade no mercado em que se está inserido, ou seja, granjeando o reconhecimento de seu público como o melhor serviço naquilo que se deseja entregar.

Para isso, o *marketing* de relacionamento propõe a aplicação contínua de técnicas e processos de planejamento de *marketing*. Os propósitos dessas medidas envolvem a identificação individual de clientes, para que se possam conhecer as necessidades, expectativas, valores e experiências destes, bem como a construção de relacionamentos mais duradouros. Isso pode render benefícios como os expressos no Quadro 5.2, a seguir, em que se compara o *marketing* tradicional ao *marketing* de relacionamento (Soares; Monteiro, 2015).

Quadro 5.2 – Principais diferenças entre o *marketing* tradicional e o *marketing* de relacionamento

Marketing tradicional	*Marketing* de relacionamento
Venda individualizada	Retenção de clientes
Características do produto	Valores dos clientes
Visão a curto prazo	Visão de longo prazo
Pouco contato ou contato pontual com o cliente para a venda	Contato contínuo com o cliente por diversos canais (*on-line* e *off-line*)
Qualidade é uma preocupação do pessoal de produção	Qualidade é uma preocupação de toda a empresa
Comunicação em uma via: da empresa para o cliente	Comunicação em mão dupla; o cliente pode dar seu *feedback*
Modo de comunicação em massa: mensagem igual para todos	Modo de comunicação individualizada, voltada ao cliente

Fonte: Elaborado com base em Pereira, 2013.

Nesse sentido, é importante que a experiência de consumo de uma marca não se dê apenas quando o cliente está presente na empresa, consumindo dado serviço. É essencial que tal experiência se estenda por todo o conceito da marca, abrangendo sua razão de ser, sua missão e sua visão de futuro. Afinal, é preciso levar essas experiências aos clientes a cada oportunidade de relacionamento, já que, para o *marketing* de relacionamentos, não basta conquistar novos clientes, é imperioso conquistar fãs (Rodrigues, 2022).

No âmbito dos serviços, o *marketing* de relacionamento volta-se à reafirmação de seus valores e à conscientização dos clientes para obter maior engajamento. Assim, buscam-se diversos contatos no intento de se fazer presente na vida de seus clientes, sempre tentando associar o conceito da marca às experiências oferecidas em tais interações.

Afortunadamente, esse engajamento com o cliente tende a gerar comunicação espontânea entre seus contatos. Isso, por sua vez, amplia significativamente o valor e o tempo de vida útil dos serviços, havendo grandes chances de se reduzirem os investimentos com o *marketing*, graças à comunicação possibilitadas pelas redes de contatos dos clientes engajados (Lovelock; Wirtz; Hemzo, 2011; Rodrigues, 2022).

Apesar de o conceito de relacionamento já ser utilizado no *marketing* desde os anos 1970, a proposta do *marketing* de relacionamento como o conhecemos hoje foi concebida na década seguinte, por Berry (1983), que o descrevia como uma estratégia para atrair os clientes, bem como manter e valorizar as relações com eles. Desde então, as opções de interação e relacionamentos se ampliaram acentuadamente, englobando-se as diversas plataformas digitais, em um mundo que tem se provado cada vez mais conectado (Gabriel; Kiso, 2020; Faria et al., 2014).

Em reconhecimento a tal evolução, a seguir trataremos da utilização das plataformas digitais para o alcance e o estabelecimento de relacionamentos com os clientes de forma mais próxima, presente e fluida. Deve-se estar claro que tal medida visa ampliar a percepção dos conceitos dos serviços oferecidos para além do ato ou do momento do consumo, estendendo-a à cultura e aos valores organizacionais, em especial àqueles relacionados à hospitalidade e aos esforços de um relacionamento profícuo com os clientes.

5.5 MARKETING E PLATAFORMAS DIGITAIS

O relacionamento entre empresas e consumidores (atuais ou potenciais) tem se diversificado à medida que novas plataformas, como redes sociais, aplicativos, *sites*, canais, tecnologias, entre outras ferramentas de comunicação, apresentam-se ao mercado e recebem, cada vez mais, adeptos e novos usuários. Segundo Reed (2012), as pessoas passam cada vez mais tempo *on-line*, em especial nas redes sociais. Portanto, utilizar-se do ambiente digital representa uma significativa economia; basta ver que considerável parte das plataformas *on-line*, como as redes sociais, não depende do investimento de grandes somas de dinheiro, bastando a compreensão sobre o que buscam seus consumidores e sobre como se comunicar de forma adequada com eles.

Para Kotler, Kartajaya e Setiawan (2017), no entanto, é preciso integrar o ambiente *on-line* ao *off-line*, na realidade do novo *marketing*, então chamado *marketing 4.0*. Para os autores, a utilização da comunicação em meio digital não é suficiente para estimular ou motivar o consumidor; para isso, o *off-line* continuará a ser relevante, dadas as diversas possibilidades de comunicação e de motivação dos primeiros contatos com os consumidores, assim como possibilitará as primeiras impressões, comunicações e relacionamentos presenciais ou ações no espaço de vendas.

Portanto, o *marketing* em ambiente digital é utilizado para ampliar ou aprofundar aquele conhecimento já detido pelo consumidor. O intuito é gerar um aprimoramento das experiências e o estreitamento do contato, envolvendo um fluxo contínuo de *feedbacks*, o qual é facilitado pelas plataformas digitais e outros meios de comunicação *on-line* (Kotler, Kartajaya; Setiawan, 2017).

A Figura 5.6, a seguir, representa essa integração entre o *marketing* tradicional e o digital e exprime que, quanto mais competitiva e mais preocupada com o consumidor, mais atenta ao ambiente digital a organização deverá estar. Isso para fazer-se conhecer de forma mais aprofundada, esclarecendo valores e personalidades e permitindo uma participação mais ativa e colaborativa dos consumidores na empresa e na concepção de experiências, criando um sentimento de **parceria entre empresa e clientes**.

Figura 5.6 – Papéis permutáveis do *marketing* tradicional e do digital

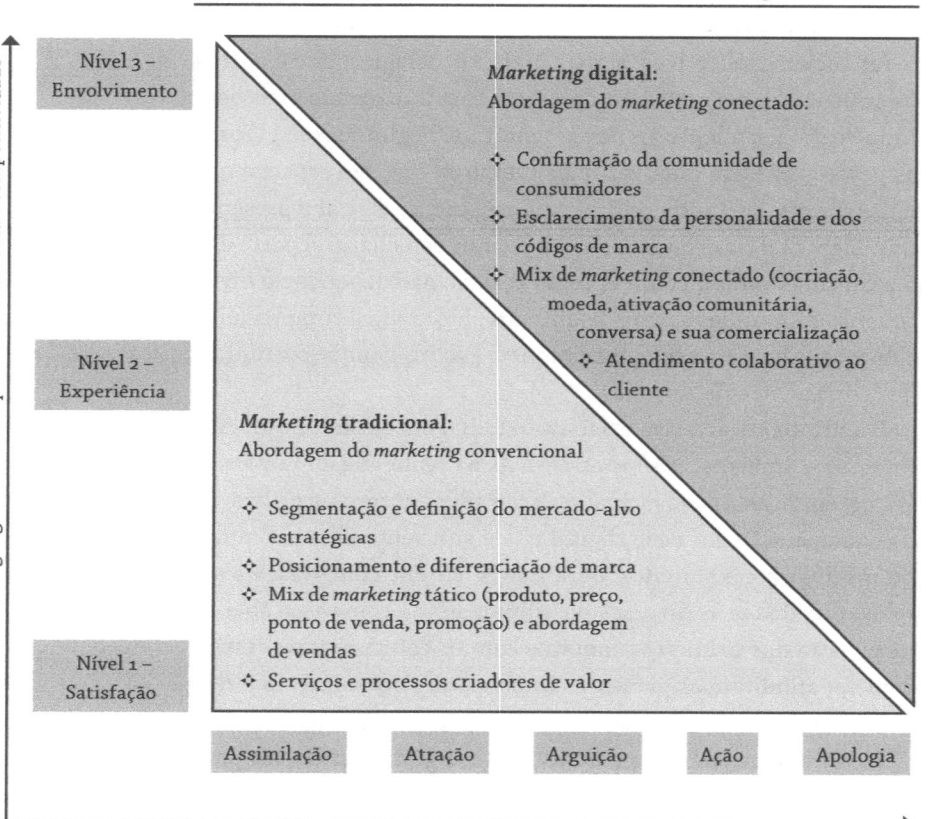

Mais marketing digital à medida que a marca aumenta a competitividade

- Nível 3 – Envolvimento
- Nível 2 – Experiência
- Nível 1 – Satisfação

***Marketing* digital:**
Abordagem do *marketing* conectado:

- ❖ Confirmação da comunidade de consumidores
- ❖ Esclarecimento da personalidade e dos códigos de marca
- ❖ Mix de *marketing* conectado (cocriação, moeda, ativação comunitária, conversa) e sua comercialização
- ❖ Atendimento colaborativo ao cliente

***Marketing* tradicional:**
Abordagem do *marketing* convencional

- ❖ Segmentação e definição do mercado-alvo estratégicas
- ❖ Posicionamento e diferenciação de marca
- ❖ Mix de *marketing* tático (produto, preço, ponto de venda, promoção) e abordagem de vendas
- ❖ Serviços e processos criadores de valor

Assimilação | Atração | Arguição | Ação | Apologia

Mais *marketing* digital à medida que a marca intervém mais no caminho do consumidor

Fonte: Kotler; Kartajaya; Setiawan, 2017, p. 70.

Nessa possibilidade de integração do *on-line* com o *off-line*, o exclusivo se torna inclusivo, estimulando o surgimento de mais e mais ideias e inovações. Isso quer dizer que, conforme a *web* permite um contato mais direto e próximo entre empresas e pessoas, o **vertical tende a se horizontalizar**, dadas as diversas opções de participação dos consumidores na construção do valor de marca. Desse modo, os consumidores deveriam ser considerados amigos ou colegas dessas marcas; e, de seu lado, as marcas deveriam revelar seu caráter autêntico e ser honestas com seus consumidores sobre seu verdadeiro valor.

Ademais, nesse contexto, o **individual tende ao social**, uma vez que os conteúdos de empresas e o *marketing* são cada vez mais gerados e validados por uma comunidade de consumidores e usuários, e não criados de forma individual e exclusiva pela empresa. Eis a razão para se primar pelo cuidado com a reputação da marca ou da organização, porque fortes reações sociais podem emergir quando algo sai errado (Kotler; Kartajaya; Setiawan, 2017).

Tais tecnologias permitem uma aproximação mais simplificada e direta entre organização e seus consumidores, ensejando "colocar você nos mesmos canais, para que seus clientes em potencial possam vê-lo, aprender mais sobre você, consultar mais informações sobre seus produtos ou serviços, comprar e receber atendimento" (Gabriel; Kiso, 2020, p. 83). Gabriel e Kiso (2020) exemplificam as plataformas ou tecnologias digitais utilizadas pelo *marketing*, as quais ampliam o leque de possibilidades para o planejamento e para o desenvolvimento de estratégias de comunicação nesse ambiente, e aprimoram as experiências e os conceitos de marcas. São elas:

- Páginas digitais (*sites*, *minissites*, *hotsites*, *e-commerces*, *landing pages*, portais, *blogs* e perfis).
- E-mail.
- Realidades mistas (realidade aumentada, virtualidade aumentada, realidade virtual).
- Tecnologias *mobile* (identificação por radiofrequência (do inglês, RFID)), comunicação de campo próximo (do inglês, NFC), *mobile tagging*, SMS/MMS, *bluetooth*).
- Plataformas digitais de redes sociais.
- Plataformas digitais de busca (Google, Yahoo, Bing, Wolfram/Alpha).
- Aplicativos *mobile*.
- *Games* e entretenimento digital.

❖ Tecnologias inteligentes de voz.
❖ Vídeo/TV digital/vídeo imersivo. (Gabriel; Kiso, 2020, p. 87-88)

A combinação dessas plataformas serve de base para o desenvolvimento de estratégias de *marketing* em ambiente digital, como as citadas por Gabriel e Kiso (2020, p. 88):

❖ Presença digital.
❖ *Marketing* de conteúdo.
❖ *Marketing* de afiliado.
❖ *Marketing* de influência.
❖ *Omnichannel*.
❖ *E-mail marketing*.
❖ *Mobile marketing*.
❖ *Inbound marketing*.
❖ Social *ads*.
❖ SMM (*social mídia marketing*) e SMO (*social media optimization*).
❖ SEM (*search engine marketing*) e SEO (*search engine optimization*).

Nesse viés, as plataformas digitais são aliadas das empresas de serviços na criação de uma relação mais aprofundada e de mão dupla com seus consumidores. Isso porque proporcionam um contínuo fluxo de *feedbacks* e de comunicação entre instituição e clientes, facilitando a entrega de experiências por meio das ações, dos valores, do atendimento e da atenção durante todos os momentos ou as oportunidades de comunicação.

A integração das tecnologias e plataformas digitais ao *marketing*, portanto, permite transmitir a hospitalidade e as experiências que a marca se propõe a entregar, para além do momento em que o consumidor está presente na empresa, esperando para receber seu serviço. Esse contato, ou essa transmissão, deve estar sob atenção durante todo o relacionamento ou interação com os consumidores, tendo em vista a ativação da missão e dos valores da marca de forma autêntica em todos os **momentos da verdade**. Afinal, para se promover experiências e oferecer hospitalidade, basta haver pessoas se comunicando em um contexto marcado por ética, cortesia, interesse em ajudar o outro, gentileza e calor humano.

Por meio das tecnologias e plataformas digitais, portanto, é possível ampliar as compreensões dos conceitos do *marketing* de relacionamento, conforme temos afirmado. Isso porque tal ferramenta viabiliza um relacionamento duradouro por todo o processo de um serviço ou de uma experiência. Ampliam-se consigo as possibilidades de comunicação boca a boca entre os consumidores, tornando-os, mais que clientes, parceiros da organização.

Por fim, as formas de comunicação *on-line* reforçam o quadro de tempos e espaços de hospitalidade de Camargo (2004), segundo expusemos no Capítulo 1, quando favorecem a transmissão e o oferecimento de hospitalidade ao consumidor. Há, portanto, uma ampla gama de situações favoráveis à hospitalidade em ambiente virtual, graças ao desenvolvimento das plataformas e/ou aplicativos *mobile* de comunicação, não se restringindo às redes sociais e aos portais de empresas. Versaremos sobre tal temática no Capítulo 6, quando analisaremos algumas tendências para essa atividade.

5.6 ANÁLISE DE CASOS, REFLEXÕES E CONSIDERAÇÕES FINAIS

O *marketing* é um campo de constante evolução e desenvolvimento, por conta das tranformações tanto das necessidades quanto dos métodos de comunicação com o público de forma geral. Kotler, Karatajaya e Setiawan (2017) explicam essa evolução partindo daquele centrado no produto (*marketing* 1.0), para aquele voltado ao consumidor (*marketing* 2.0). Contudo, no *marketing* 3.0, a prioridade é o ser humano pleno, com mente, coração e espírito, tendo-se como intuito alcançar seus sentimentos e seu lado emocional. Por fim, a jornada para o chamado *marketing* 4.0 concentra-se em adequar esse novo método de comunicação, caminhando também para o digital.

As empresas têm percebido que esse diálogo tem de se adequar às novas necessidades de relacionamento no mercado, apresentando-se de forma integral e humanizada, com um passado, um presente e uma visão de futuro, com valores, objetivos e características que deem sentido às interações. As instituições devem também comunicar a seus consumidores não apenas as características dos serviços ou dos produtos, mas, principalmente, sua identidade e sua história.

Diante disso, nesta seção discorreremos sobre esses novos métodos e conceitos do *marketing* centrado no ser humano para refletir sobre duas empresas – uma do campo dos serviços (mais especificamente de alimentos e bebidas) e uma da hotelaria –, com ênfase nos conceitos do *storytelling* e do *neuromarketing*, respectivamente.

5.6.1 Restaurante Madalosso: o restaurante familiar que se tornou o maior da América Latina

Localizado na capital paranaense, em Santa Felicidade, um tradicional bairro de imigrantes, em sua maioria italianos, o Madalosso iniciou suas atividades em 1963 como um restaurante familiar. O empreendimento conta não apenas a trajetória da família Madalosso, mas também parte da história da chegada de imigrantes à Região Sul do país (Restaurante Madalosso, 2020).

Os Madalosso vieram Itália – que passava por crises econômicas e militares –, com a esperança de dias melhores na América. Já em solo brasileiro, Antonio Domingos Madalosso (Dom Antonio) e Rosa Fadanelli se instalaram em Caxias do Sul (Rio Grande do Sul) e, em 1949, se mudaram para Curitiba, com o interesse de seguir cultivando uvas na região onde hoje está o bairro de Santa Felicidade. Infelizmente, não obtiveram sucesso, dada a alta acidez do solo e as geadas irregulares (Mori, 2019).

Depois de muitas tentativas, Dom Antonio, em 1963, comprou um pequeno restaurante em frente ao parreiral e o deixou sob os cuidados de sua filha e de seu genro, Flora e Admar, iniciando assim um novo capítulo na história da família. Esse estabelecimento segue em funcionamento até hoje, sendo identificado como o Velho Madalosso.

No entanto, rapidamente se percebeu que aquele pequeno restaurante não seria suficiente para atender à crescente demanda. Assim, em 1970, limparam o parreiral da família, com o objetivo de construir o Novo Madalosso, para instalar, à época, 400 lugares. Atualmente, o restaurante tem capacidade para atender mais de 4 mil pessoas, o que o torna o maior restaurante da América Latina e, segundo Mori (2019), o maior restaurante das Américas.

A despeito disso, o estabelecimento mantém sua característica de restaurante familiar, de cozinha italiana e reúne famílias e grupos de amigos e turistas em seus salões, para saborear seus pratos e suas receitas, herdadas de seus familiares.

A história da família Madalosso, portanto, ilustra a de muitos brasileiros descendentes de imigrantes, geralmente marcada por lutas, desafios e vitórias. Isso, aliás, é comunicado em seus empreendimentos e define sua identidade, a qual se presta a gerar empatia em seu público.

Nesse sentido, para os restaurantes Madalosso, o *storytelling* se tornou uma forma de consolidar todos os esforços da família voltados a seu empreendimento. Além disso, contribui para o engajamento de seus clientes com a culinária italiana trazida pelos imigrantes. Também comunica a ideia de espaço amplo e aberto, ideal para festejos familiares, eventos sociais e corporativos.

Desse modo, a narrativa da história familiar consiste em uma forte estratégia para o *marketing*, já que apresenta os principais componentes discutidos no capítulo, que são:

- Personagens: iniciando com Dom Antonio e Rosa Fadanelli, sendo transmitidos para as gerações seguintes da família.
- Enredo: desafios e história da família até o momento atual.
- Metáfora ou símbolos: termos ou frases que traduzem a qualidade do serviço prestado pelo restaurante, sempre em associação à tradição ou à culinária italianas.

Mediante o *storytelling*, portanto, buscam-se criar vínculos e relações entre a história e os desafios vivenciados por pessoas e, como consequência, por seus estabelecimentos, de modo a gerar identificação com seu público-alvo, numa relação de afeto.

5.6.2 Starbucks: a experiência de apreciar o sabor do café e o ambiente

Já comentamos no Capítulo 1 que a Starbucks é um ótimo exemplo da utilização dos conceitos da economia de experiências. Em seu método de servir café, a empresa agrega técnicas de preparo exclusivas da rede, aliadas ao conforto e ao relaxamento que a organização de suas lojas é capaz de entregar. De acordo com o portal da empresa, sua fundação ocorreu no início dos anos 1970, na cidade estadunidense de Seattle. Em 2019, contava com mais de 30 mil lojas em 80 mercados e ainda continua crescendo dia após dia, alcançando novas localizações e ampliando o reconhecimento da marca por sua qualidade em cafés, em atendimento e em conforto (Starbucks, 2020).

No campo do *marketing*, destacam-se as sensações de relaxamento por estímulos sensoriais que os primeiros contatos com uma loja são capazes de transmitir aos consumidores, entre eles: o cheiro do café exalado no ambiente, e o mobiliário confortável para que o cliente possa se acomodar e saborear tranquilamente sua bebida etc. Nesse sentido, os aspectos do *marketing* sensorial tornam a Starbucks um caso a ser estudado, já que a companhia aplica estímulos diversos na organização de suas lojas para oferecer experiências agradáveis, em momentos de divertimento, de descanso, de reuniões profissionais ou de uma pausa para checar *e-mails*, utilizando o *wi-fi* nas lojas.

5.6.3 Síntese e reflexões

Pensar boas estratégias de *marketing*, logrando transmitir sensações e comunicar emoções, é uma das maneiras de conceber experiências a serem entregues ao cliente. Casos reconhecidos da utilização do *marketing* sensorial para atrair consumidores por meio do olfato, da audição, do tato, da visão e do paladar são facilmente encontrados pelas ruas ou *shoppings centers*, conforme os exemplos que fornecemos ao longo deste capítulo.

Ficou evidente em nossa abordagem que o *marketing* é diverso e evolui à medida que os consumidores também se transformam, sendo prementes novas visões e estratégias para atraí-los e conquistá-los. Para tanto, reflexões contínuas sobre como comunicar a marca, os serviços e/ou produtos mediante sensações, emoções e experiências são sempre bem-vindas.

Tendo em vista esse aspecto, deixamos a você, leitor, alguns questionamentos para que faça a si mesmo:

- Quem é meu consumidor? O que ele precisa e como eu posso chegar até ele?
- Como posso comunicar a minha marca e serviço e transmitir sensações agradáveis ao mesmo tempo?
- Como posso me valer dos sentidos dos meus consumidores para assimilar a minha marca a algum cheiro, sensação tátil ou sabor etc. que agrade a eles?
- Nossa história pode engajar ou apresentar nossos valores aos consumidores? Como posso usar nossa história a nosso favor?
- Como utilizar o *marketing* para criar uma experiência positiva?

Recomendamos que você adapte as reflexões ao setor em que opera, alinhando tais conceitos a suas necessidades específicas, bem como identificando as estratégias de *marketing* mais adequadas em sua área de atuação.

Por fim, reiteramos que o *marketing* está em constante evolução, sendo imperioso manter-se atualizado, buscando informações e aprendendo, mesmo que com a concorrência, de sorte que a inovação ocorra naturalmente. Do mesmo modo, reforçamos que é imprescindível compreender do que os consumidores precisam e estabelecer uma comunicação apropriada e duradoura com eles.

Dragon Images/Shutterstock

6

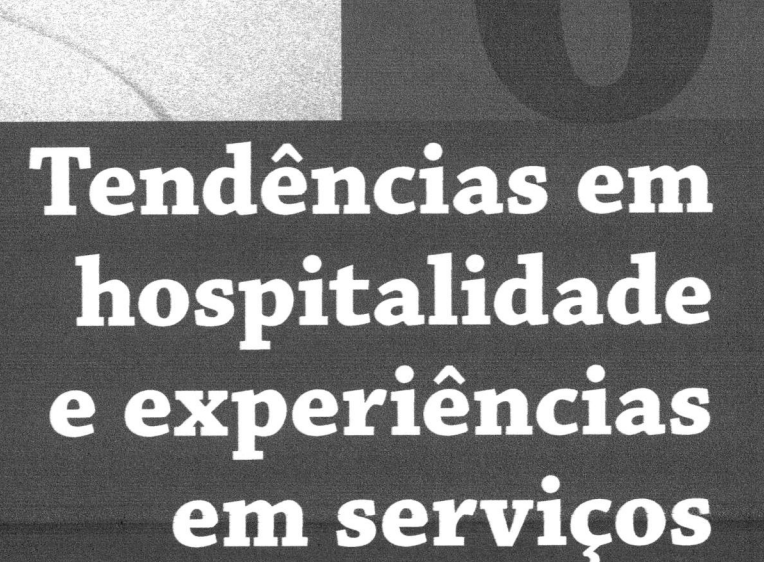

Tendências em hospitalidade e experiências em serviços

O mercado de serviços e das experiências está em constante transformação, já que tanto aquele que entrega, quanto aquele que recebe estão abertos às influências e aos novos conceitos de mercado. Isso se aplica também à necessidade da evolução, vista sob o prisma da própria empresa de serviços, já que a permanência em uma zona de conforto por período prolongado mostra-se nociva para a percepção de qualidade dos serviços e para a continuidade da empresa.

Desse modo, retomando os conceitos discutidos no Capítulo 1, concluímos que um serviço que preze pela qualidade e pela satisfação de seus clientes carece de constante melhoria, buscando dar passos sólidos em direção àquilo que se espera do setor em que a empresa opera. Dito isso, a busca pela evolução tem promovido novas possibilidades de relacionamento com os clientes, em novos canais de interação. Ademais, os conceitos de vendas e de ponto de venda têm sido aprimorados à medida que se conhecem mais os consumidores mediante uma troca de informações mais intensa.

Esse processo tem se acentuado graças aos avanços tecnológicos dos meios de comunicação, das novas plataformas e aplicativos de celular. Essas ferramentas permitem contatar a empresa sem sair de casa, utilizando as redes sociais e os portais virtuais disponibilizados pela organização. Com isso, a comunicação entre os consumidores e as empresas tem se tornado continuamente mais dinâmica e interativa.

As novas possibilidades de comunicação com o público abarcam, para além da entrega de serviços e experiências, a hospitalidade, no reconhecimento de que o cliente deseja ser entendido em sua individualidade, como sujeito que tem necessidades, expectativas e valores particulares. A receptividade e a disposição para o acolhimento, de forma genuína e diferenciada – chamando o consumidor pelo nome e conhecendo suas características, por exemplo –, têm estimulado o mercado a adotar conceitos de hospitalidade. Isso, em última instância, leva à tentativa autêntica de interação com o outro e de criação de laços de amizade, sempre primando por sua felicidade e satisfação.

Pensado de forma conjunta, o processo de desenvolvimento das experiências e de tendências em serviços acelera a competição dentro do mercado, entre empresas do mesmo setor ou, até mesmo, de setores correlatos ou substitutos. Isso porque, como informamos anteriormente, serviços são fáceis de serem copiados e colocados em prática; o desafiador é sustentá-los ao longo do tempo. Para isso, é preciso alcançar e estabelecer contatos com os diversos clientes – sejam os atuais, sejam aqueles em potencial –, sempre lembrando que a entrega de serviços na contemporaneidade está voltada às experiências singulares e a novos conhecimentos. Isso tem sido favorecido pela internet, pois os limites relacionados ao espaço se diluíram, o que permite que a empresa tenha um reconhecimento e um alcance geográfico muito maior.

Tendo esse panorama como ponto de partida, abordaremos neste capítulo, algumas das tendências de relacionamento a fim de analisar novos conceitos de serviços em um mercado de serviços e de experiências de alta complexidade. Além das tecnologias disponíveis, examinaremos os esforços das empresas para promover momentos enriquecedores e de qualidade os quais sejam consonantes com as demandas mais acuradas dos clientes.

Dividimos, então, as análises sobre as tendências desse mercado em três categorias: (i) experiências presenciais, (ii) experiências *on-line* e (iii) experiências híbridas. Como forma de exemplificação dessas tendências, apresentaremos ideias, empresas e reflexões para subsidiar uma compreensão dos passos ou dos caminhos que esse mercado dinâmico e complexo tem seguido. Ainda, trataremos de novas oportunidades para o futuro.

6.1 EXPERIÊNCIAS PRESENCIAIS

Conforme declaramos ao longo deste livro, os serviços e as experiências têm evoluído à medida que se buscam momentos e interações cada vez mais autênticas, genuínas e marcantes, almejando adquirir novos conhecimentos, novas memórias e, sempre que possível, criando laços de amizade. Desse modo, as tendências nas interações presenciais dirigem-se sobretudo às trocas de informações e vivências, no equilíbrio entre contemplação, interação e acolhimento. Esses momentos podem ser compartilhados com os fornecedores, os quais também assumem um papel de maior autonomia no trato com o cliente ou com o hóspede, já que a entrega de experiências autênticas exige ações ou preocupações verdadeiras com o outro.

6.1.1 Hospitalidade autêntica: interações com as comunidades locais na hotelaria e no turismo

No âmbito da hotelaria, abrangendo roteiros e serviços turísticos, a aproximação entre hóspedes/turistas e as comunidades locais permite a criação de laços e de redes de amizade, fazendo da viagem mais que uma ocasião para contemplar novos lugares ou atrações turísticas: transformando-se em uma oportunidade de conhecer a cultura ou os costumes da localidade, por intermédio de seus habitantes. Em última instância, isso fomenta nos envolvidos um sentimento maior de respeito e de responsabilidade com a cultura mundial, pois estimula-se a tolerância com o diferente (seja da perspectiva do habitante local, seja a do visitante/forasteiro) e de acolhimento mútuo de culturas diversas.

Debatemos, no Capítulo 2, questões relacionadas às interações genuínas com as comunidades visitadas, quando tratamos do turismo comunitário e da possibilidade do desenvolvimento turístico de um destino segundo as expectativas da comunidade receptora. Contudo, exemplos vindos de redes hoteleiras, como a francesa Accor, com os empreendimentos Jo&Joe, mostram que a abertura do hotel não só para hóspedes, mas também para residentes pode levar a boas experiências e interações.

Vá além!
Para mais informações e ideias, acesse o *QR Code* a seguir e assista ao vídeo "Jo&Joe open house by Penson & AccorHotels" (Accor, 2020; Bartholo; Sansolo; Bursztyn, 2009).

Outra possibilidade está na utilização do espaço público para o lazer. No caso de oferecer atividades de lazer em espaços privados, pode-se lançar mão de diversas opções de gastronomia, por meio de *food trucks*, incluindo músicas e danças tradicionais, de modo que se apresente a cultura local e se unam turistas e residentes em um momento que envolva aprendizados e amizade.

Conforme se estudam os conceitos da hospitalidade, percebe-se que ela acontece naturalmente quando se estimulam interações autônomas, deixando florescer a preocupação verdadeira com a felicidade do outro. As relações entre visitantes ou consumidores com membros da comunidade local se constituem no mais elevado nível de relacionamento, levando em conta os conceitos da hospitalidade.

Isso é de suma importância porque a própria atividade turística não visa apenas à contemplação de pontos turísticos imóveis ou de recursos de lazer, estendendo-se ao interesse de conhecer pessoas, ampliando as redes de amizades de ambos os lados.

6.2 Experiências *on-line*

É sabido que a internet é uma importante plataforma de empreendedorismo e de desenvolvimento de ideias, com atenção dirigida à entrega de novas experiências aos consumidores e de aproximação e interação, ao se considerarem as possibilidades de comunicação sem as tradicionais barreiras geográficas. Salientamos o avanço proporcionado pela *web* e pelos aplicativos *mobile* no período de pandemia de Covid-19, que se iniciou no ano de 2020, exigindo o distanciamento social ou o isolamento em ambiente doméstico como medida de proteção mais efetiva contra os contágios ou as possíveis transmissões da doença. Nesse cenário, acentuou-se o uso da internet para fins comerciais, abrangendo a realização de compras, contratação de serviços e acesso a diversos conteúdos.

Ainda sobre esses contextos de avanços nos meios digitais, há de se considerarem a análise ou os estudos dessa plataforma para o empreendedorismo, especificamente na aplicação da economia de experiências e da hospitalidade. Conforme adiantado por Camargo (2004), o desenvolvimento das relações humanas e do acolhimento em meio virtual, em portais, plataformas, aplicativos e outros, tem levado em conta os conceitos do bom relacionamento, da *netiqueta* (ou etiqueta virtual), da ética, da cortesia, dos bons costumes e do calor humano, mesmo a longas distâncias.

Para tratarmos desse assunto, nas seções a seguir propomos refletir sobre algumas das tendências observadas, oferecendo exemplos de mercado e possíveis utilizações delas no setor de serviços. Discutimos também o papel da hospitalidade nessas plataformas e nas relações estabelecidas entre pessoas e empresas nesse ambiente virtual; em acréscimo, versaremos sobre como as organizações podem promover melhorias com o fito de entregar uma experiência mais completa e interessante aos consumidores.

6.2.1 Experiências e aprendizados *on-line*: viagens, conteúdos e aulas

As plataformas *on-line* têm sido utilizadas para a concepção de experiências inovadoras. Diversas empresas assumiram, desde sua fundação, a incumbência de oferecer, além dos serviços, conteúdos e aprendizados aos consumidores *on-line*. A possibilidade de desenvolver produtos e serviços sem as limitações geográficas impostas pela distância espacial transformou a internet em uma plataforma que reúne pessoas das mais diversas culturas, conhecimentos e vivências. E essa troca de informações possibilita novas experiências.

Um exemplo claro de ações ou vivências nesse sentido é o caso do Airbnb, plataforma *on-line* que viabiliza o compartilhamento de casas e apartamentos em diversas cidades. A proposta é conectar pessoas que disponibilizam suas casas para receber pessoas cadastradas no portal a viajantes ou interessados em estadias em determinada localidade.

Outro exemplo é a utilização da plataforma para interações *on-line* de forma síncrona, ou ao vivo, reunindo pessoas de diversas partes do mundo para assistir a aulas sobre gastronomia, história, ou qualquer outro tema.

O que se observa com esses casos é a diluição das fronteiras culturais e de conhecimento dos consumidores. Nesse ambiente, os usuários podem interagir com pessoas que estão em outros pontos do globo, aprender sobre a gastronomia mundial, fazer atividades físicas orientadas – como ioga e *tai chi chuan* –, e até mesmo, conhecer cidades turísticas, sob guiamentos mediados pela câmera de um celular e transmitidos pela internet.

Todos esses serviços e aprendizados são cobrados, ampliando o mercado de serviços e experiências por meio digital. Por conseguinte, são renovados também os conceitos de hospitalidade: o ambiente de acolhimento deixa de ser físico e passa a ser digital. Afinal, os relacionamentos humanos ainda ocorrerão, fazendo-se, todavia, necessários os mesmos cuidados com o outro, como se este estivesse fisicamente presente.

Tais modalidades de serviço mostram que as tendências no mercado digital, em qualquer atividade profissional, não conhecem fronteiras, tampouco obstáculos. Por essa razão, é fortemente recomendável àqueles que se inserem em tal mercado conhecer a aplicar as ferramentas digitais disponíveis, de modo a ampliar não apenas o portfólio de serviços da empresa, mas também sua carteira de clientes em um raio de atuação maior do que aquele que o meio físico é capaz de propiciar.

6.2.2 Atenção digital ao cliente

Com novos aplicativos de celular sendo inseridos no cotidiano das pessoas e nos canais de comunicação empresariais, bem como com a aderência constante a redes sociais, como Facebook, Instagram, Twitter e outras, tem sido observada a preferência por estabelecer interações imediatas em canais digitais antes de qualquer contato telefônico ou presencial. Assim, os meios digitais têm se tornado um importante canal para o primeiro contato entre prestadores de serviços e clientes. Isso tem ocorrido por conta da facilidade com que se acessam portais ou *sites* e da praticidade de se estabelecerem contatos diretos via aplicativos como o WhatsApp, com o objetivo de se obter informações sobre o serviço a ser negociado, como preços, disponibilidade, características e locais de realização.

Além de serem úteis para o primeiro contato com consumidores, esses aplicativos representam uma primeira oportunidade de avaliação do interesse do prestador de serviços em realizar o atendimento. Isso, por consequência, gera as percepções iniciais de sua capacidade de oferecer e entregar hospitalidade por meio da receptividade e da atenção com relação às necessidades do cliente em potencial, mesmo que de modo digital.

Já sob o ponto de vista do prestador de serviços, estar disponível *on-line* contribui para a fidelização de clientes, porque, quanto mais rápida a atenção for estabelecida e as necessidades ou as dúvidas dos clientes forem sanadas, mais chances de conquistar a confiança do cliente esse colaborador terá. Como resultado, além da confiança, a empresa consolidará sua imagem ligada à hospitalidade. Essa interação, do mesmo modo que a rapidez e o cuidado com o atendimento e com a solução de dúvidas, permitirá um relacionamento mais próximo com os consumidores, quebrando possíveis barreiras de desconfiança e, por fim, ampliando a sensação de experiências e momentos positivos por meio desse relacionamento digital.

6.2.3 Realidade aumentada

Ainda no mundo digital, a realidade aumentada permite dar a conhecer espaços diversos, destinos e atrativos turísticos, empreendimentos hoteleiros e restaurantes. É possível, por exemplo, mostrar ao consumidor quais tipos de experiências ele terá durante sua estadia, quais são as características do espaço, as curiosidades e as primeiras informações sobre o ambiente.

Figura 6.1 – Criança com óculos de realidade aumentada

The world of words/Shutterstock

Gabriel e Kiso (2020) consideram a realidade aumentada um dos métodos de imersão em ambientes no qual, por meio digital, proporciona-se a visualização do mundo real com câmeras e sensores de movimento. Isso pode ser efetuado com o uso de óculos de realidade aumentada ou de *smartphones*.

É verdade que a realidade aumentada não é tão nova assim, já que uma de suas primeiras aplicações ocorreu em 1975, por meio do *Videoplace*, desenvolvido por Myron Krueger (Gabriel; Kiso, 2020).

> **Vá além!**
> Assista ao vídeo de Myron Krueger no YouTube, utilizando o *QR Code* a seguir.

Entretanto, foi com a estreia do jogo Pokémon Go para celulares que a realidade aumentada se revelou uma ferramenta para fisgar o consumidor e promover experiências inovadoras. Desde então, sua aplicação tem se aprimorado ao longo do tempo e do desenvolvimento de novas tecnologias, geralmente fornecendo aos consumidores uma mostra das experiências que estes podem vivenciar ao escolherem determinada empresa, espaço ou destino. Esse recurso tem sido amplamente utilizado para jogos *on-line*, turismo, hotelaria, arquitetura, treinamentos, demonstrações virtuais diversas, compras personalizadas e demais formas de entretenimento virtual (Cuperschmid; Freitas, 2013; Gabriel; Kiso, 2020).

Figura 6.2 – Realidade aumentada com celular

Convém citarmos, ainda, a contribuição da realidade aumentada para o conjunto de empreendimentos de uma cidade, entre eles restaurantes, hotéis e serviços diversos: mediante buscadores e mapas *on-line*, serviços e empreendimentos podem ficar em destaque na tela do celular, ampliando as atuações para o *marketing*, bem como abrindo um novo conceito de comunicação para os portais de opinião, conforme se observa na Figura 6.3, a seguir.

Figura 6.3 – Realidade aumentada por localização

Neste último exemplo, já é possível perceber a presença de outra categoria de tendências de experiências: as experiências híbridas, isto é, aquelas que misturam o *on-line* e o presencial, cujos exemplos e novas experiências comentaremos na seção a seguir.

6.3 EXPERIÊNCIAS HÍBRIDAS

No campo das experiências híbridas, o presencial e o *on-line* se combinam, impulsionando diferentes tipos de interação entre empresas e consumidores. Tais experiências envolvem diversas modalidades de serviços, seguindo os mesmos moldes da prestação presencial, porém não se limitando pelas barreiras geográficas.

Essa modalidade tem sido designada *omnicanal* (ou, no inglês, *omnichannel*). Nela o cliente pode, por exemplo, fazer compras *on-line* e receber seu produto em casa, comprar na loja física e pedir para entregarem em casa, entre outras diversas possibilidades combinando os dois ambientes, *on-line* e *off-line*.

Lembremos que a pandemia de Covid-19 acelerou e popularizou, de certa forma, os serviços híbridos, pois havia o interesse de manter as experiências, evitando-se, porém, as aglomerações comuns em um período sem perigo sanitário.

Nesta seção, examinaremos dois exemplos de utilização de experiências híbridas as quais têm se destacado, abrindo novas oportunidades não só de experiências, mas também de mercados: trata-se dos eventos híbridos e dos grupos de assinaturas de produtos e de experiências.

Temos de alertar, no entanto, que as experiências híbridas comentadas são apenas exemplos em uma multiplicidade de empresas e de serviços que ainda podem ser criados unindo o presencial ao *on-line*, o que abre um interessante campo de estudos e de atuação para aqueles que se interessam por essa junção.

6.3.1 Eventos híbridos

Martin e Lisboa (2020) descrevem o evento híbrido como um evento presencial com componentes digitais para sua transmissão com o objetivo de alcançar os participantes que estejam em outros locais, permitindo a participação de um maior número de pessoas e maior visibilidade. Essa união do presencial com o digital enseja, sobretudo, uma ampliação do *networking*, por causa do acréscimo de contatos para além do espaço onde se realiza o evento para aqueles que estão distantes fisicamente, porém presentes virtualmente. Ela também serve como uma apresentação maior e em lugares mais distantes de uma marca, assim como de todos os conceitos e valores que a compõem.

Entre os benefícios do evento híbrido, destacam-se o melhor custo-benefício. Isso porque algumas despesas – como viagens dos participantes e/ou palestrantes, alimentação e bebidas durante o evento, decoração, locação do espaço onde o evento será realizado – tendem a diminuir consideravelmente, em razão da proporção diminuta em ambiente físico (Martin; Lisboa, 2020).

Outros benefícios, para além do aumento do alcance geográfico, incluem: a facilidade de acesso por qualquer dispositivo, por conta da maior disponibilidade dos programas e aplicativos de reuniões virtuais, tornando o evento mais econômico para o participante; a replicação da mensagem ou das experiências transmitidas graças à possibilidade de gravar o evento, que já foi assistido presencialmente ou em transmissão ao vivo *on-line*.

Os eventos podem ser muito valiosos para o *marketing* de empresas, de serviços e de produtos; afinal, são um método de comunicação dirigida que pode contribuir para a melhoria das relações com os clientes, intensificando sua capacidade de transmissão de mensagens, de conhecimentos e de experiências (Silva, 2007).

Portanto, no âmbito das tecnologias, dos programas e dos aplicativos, os eventos híbridos ampliam as oportunidades de negócios e de *networking* e fomentam a criatividade e o planejamento de experiências e serviços.

6.3.2 Clubes de assinaturas e experiências

No novo modelo de experiências aqui tratado, o cliente seleciona um plano com valor e período mais adequados a suas necessidades, tornando-se assinante e recebendo diferentes produtos ou serviços em sua residência. Para a empresa, esse negócio é benéfico porque fornece previsões mais realísticas de seus recebíveis, com fluxo de entradas de capital de forma constante, o que possibilitará investimentos de médio e longo prazos.

> ### *Vá além!*
> Para mais informações, acesse o *QR Code* a seguir para o vídeo na plataforma Youtube "Como funciona um clube de assinaturas?", em que se aborda o caso da empresa Petitebox (Melo, 2013).

Nesse conceito de consumo, diversas são as possibilidades de produtos ou de serviços a serem enviados aos consumidores, como comidas típicas e de temporada; bebidas, como vinhos, cervejas especiais ou cafés; roupas; maquiagens; livros; *podcasts*, vídeos, entre outros. Com a ampliação da aderência do público a essa modalidade, observa-se que cada vez mais empresas concentram-se em experiências diversas e especializadas. Alguns exemplos são: o Clube Wine, voltado para vinhos do mundo; a u.Coffee, especializada em cafés; a Tag Livros, para aqueles que buscam leituras diferenciadas; ou o Leiturinha, quando se procuram leituras para crianças etc. (Melo, 2013).

É notório que novos mercados têm surgido graças à criatividade do empreendedor e das inovações no relacionamento com os consumidores, levando em conta as demandas emergentes. Com isso, têm se multiplicado os métodos de entregar experiências de forma híbrida, na combinação entre o físico e o virtual.

6.4 SÍNTESE E REFLEXÕES

Concomitantemente à inserção de novas formas de interação no mercado, acelerando o processo criativo de empresas e conceitos inovadores de serviços, as experiências seguem evoluindo, já que criar momentos diferenciados na vida e na memória do cliente deve ser uma prioridade.

Neste capítulo, debatemos algumas das diversas tendências desse mercado, crescentemente mais dinâmico e aberto, lidando com constantes transformações e uma variedade quase sem fim de experiências nos ambientes físico, digital e híbrido.

Tendo isso em mente, a combinação da experiência com a hospitalidade se faz ainda mais necessária, no sentido de: compreender genuinamente os consumidores e parceiros; mostrar receptividade a suas necessidades; acolher suas preocupações e o cliente em si em momentos de interação presencial; entreter o cliente sempre que possível; ou oferecer serviços flexíveis, deixando-o à vontade para indicar como o quer receber.

Contudo, acertar nas tendências de mercado não é uma tarefa fácil, sendo recomendável uma pesquisa de mercado para se identificar os gargalos que necessitam ser preenchidos. Para tanto, conhecer o público-alvo, compreender, na visão deste, quais os produtos ou os serviços estão em falta ou que novos serviços ele busca é um primeiro passo para o êxito.

Mais uma vez, a hospitalidade se revela crucial, na medida em que as interações e os laços estabelecidos com consumidores permitem uma aproximação baseada em confiança e no esforço de entregar sempre a melhor experiência possível. Do prisma do empreendedor, estimula *insights* ou o aproveitamento de ideias de seus clientes antes de sua concorrência, reiterando o que declaram Kim e Mauborgne (2005) na obra *A estratégia do oceano azul*.

Por fim, deixamos a você, leitor, algumas questões para reflexão, para que compreenda melhor as tendências de mercado no setor em que você atua. Para isso, faça a si mesmo as seguintes perguntas:

- Do que eu sinto falta no campo de serviços em que opero?
- Há um mercado ou clientes que também sentem falta desse serviço ou experiência?
- Existem empresas que já atuam nesta atividade (ou desta forma)? Se sim, como esses serviços e experiências são desenvolvidos?
- O que eu poderia oferecer a mais, para ser o meu ponto de competitividade ou a minha vantagem?
- De que modo eu posso abordar meus potenciais clientes para um futuro produto ou serviço?
- Quais informações eu preciso coletar para realizar uma pesquisa de mercado?

Ao longo deste livro, discorremos sobre os conceitos de serviços aplicados à economia de experiências. Além disso, tendo como norteador a hospitalidade, enfatizamos a importância da criação de momentos memoráveis na vida dos clientes e, sobretudo, de interações genuínas e diretas com eles. Reforçamos que essas ocasiões não devem se resumir à entrega dos serviços, mas se estender a relacionamentos duradouros, cativando e fidelizando os interessados.

Alertamos que este livro, por óbvio, não encerra o tema em estudo, pois este está em constante evolução, já que a criatividade nos serviços evolui, assim como a tecnologia empregada nos processos de comunicação, de vendas e entrega de serviços. Destarte, recomendamos que você, leitor(a), se dedique a uma constante atualização dos assuntos tratados aqui, desvencilhando-se da zona de conforto que pode aprisionar o empreendedor.

No mercado de serviços e de experiências, a palavra de ordem é *inovar*. Contudo, isso deve ser feito sem se ignorar os valores e a missão que fundamentaram a criação da empresa. Ainda mais importante; o norte inescapável são as necessidades de seus clientes e a preocupação sobre como entretê-los e como entregar um serviço condizente com aquilo que eles buscam, por um preço justo e dedicando-lhe o máximo de atenção.

Considerações finais

Ao longo desta obra, analisamos a hospitalidade em diversos contextos de aplicação, identificando-a como um costume social relacionado ao calor humano, ao bem-receber e à doação ao outro. A hospitalidade se presentifica na história humana todas as vezes em que um indivíduo, grupo social ou povo se dedica a estreitar laços e criar bons relacionamentos.

Portanto, ao abordarmos os conceitos e o papel da hospitalidade nas relações sociais, evidenciamos que ela não se restringe ao ato de acolher no sentido estrito de recepcionar ou hospedar; ela se estende às ações marcadas pela aceitação e a preocupação com as necessidades do outro, bem como pelos esforços para que este se sinta verdadeiramente acolhido.

A aplicação da hospitalidade no campo dos negócios carrega consigo um desafio: Como entregar hospitalidade em ambiente comercial, sem que ela seja encenada, motivada pelo dinheiro, forjada? A resposta vai muito além dos esforços de entregar bons serviços: deve-se permitir que os cuidados adotados por colaboradores em uma organização caracterizem-se como experiências genuínas de hospitalidade, resultando em "entrega de calor humano".

Nesta obra, empreendemos reflexões, à luz da literatura específica, sobre como utilizar os conceitos e os princípios da hospitalidade no dia a dia de uma organização. Tal ação inicia-se na preparação de um ambiente, de sorte que se ensejem relações condizentes com a proposta da aceitação do outro, da receptividade, do acolhimento e do bem-receber, a fim de que a hospitalidade, antes de tudo, internalize-se na cultura organizacional.

Somente quando a hospitalidade faz parte da organização e é amplamente praticada e percebida internamente é que o público externo (clientes, comunidade, investidores, entre outros) participa de trocas genuínas de experiências emocionalmente marcantes. Exaltamos tal tópico ao tratar da relação entre hospitalidade e experiência em serviços, a qual inclui memórias afetivas e laços emocionais, fomentados pelo sentimento de ser bem-recebido e de ter suas expectativas superadas quando o cliente ou o hóspede está sob responsabilidade de uma organização.

Demonstramos ao longo destas páginas que entregar experiências hospitaleiras é envolver o visitante durante a prestação do serviço, criando um ambiente que estimule os sentidos e estabeleça ligações emocionais de conforto, acolhimento, segurança e entretenimento.

A hospitalidade nas experiências em serviços permite, por meio da aproximação com o consumidor, compreender quais esforços serão necessários para alcançar as expectativas mais elevadas – como o uso de sinais, de características, de símbolos, de ambientes, de bens e até mesmo de tecnologia para o alcance de níveis igualmente elevados de competitividade. Afinal, o mercado está cada dia mais competitivo, e não inovar pode significar, muitas vezes, o fim de empresas.

Salientamos que a hospitalidade não é um fim em si mesma; trata-se de uma troca e, como tal, ao ser recebida, precisa permitir a sua retribuição, cujo ciclo é dar-receber-retribuir. Isso posto, uma experiência em serviço não deve retirar a autonomia do visitante ou cliente, mas fazê-lo cocriador do serviço. Nesse contexto, podem ser adotados métodos de entrega e de realização conforme a percepção de suas necessidades e expectativas, a fim de garantir sua satisfação. Com isso, esse ator se torna corresponsável pelo fluxo da hospitalidade, ou seja, sente-se motivado a ser hospitaleiro com os outros visitantes/clientes e com o colaborador da empresa que o atende. Para isso, é sempre importante conhecer bem os colaboradores ou anfitriões, bem como o público externo, com o propósito de que a hospitalidade seja baseada em informações e no conhecimento mútuo; consequentemente, ela passa a ser mais fluida, autônoma e dinâmica.

Ressaltamos que, à medida que uma empresa e seus serviços se desenvolvem, naturalmente ela passa a atrair seus primeiros clientes. Tal atração já é um sinal de identificação do cliente ou visitante com as experiências ou serviços oferecidos por essa empresa. Conforme essa relação evolui, o conhecimento das preferências e das expectativas igualmente se dará de maneira natural, sendo a hospitalidade necessária para ditar o nível ou a profundidade de tal relacionamento: Essa relação será fria e distante ou calorosa e próxima? Essa é a fronteira entre um serviço e uma experiência; ou do serviço avulso e da fidelização.

Obviamente, o entendimento e as aplicações dos conceitos discutidos aqui também são práticas que são aprimoradas com o passar do tempo, com a compreensão e a segurança na realização do serviço. Esse processo demanda um estudo aprofundado sobre com quem essa empresa ou organização deseja se relacionar; quais características em colaboradores ou anfitriões ela deseja incentivar e reter; quais sinais, qualidades, atributos pretende valorizar, de modo que se estabeleçam processos hospitaleiros; qual clima organizacional esses processos querem estabelecer na organização: de inclusão ou de exclusão?

Por fim, caro(a) leitor(a), sugerimos que você explore a seção de Referências a seguir: todas as fontes foram utilizadas para construir esta obra. Busque aprofundar-se no assunto e conheça mais sobre ele. A hospitalidade é muito mais ampla e oferece milhares de oportunidades e possibilidades quando nos inteiramos sobre seus conceitos e princípios. Além disso, sua aplicação genuína nos negócios nos permite compreender que a prioridade das experiências já não é o serviço, mas o indivíduo que o recebe.

Referências

ACCOR. **Jo&Joe: nossa história**. Disponível em: <https://www.joandjoe.com/pt-br/about-us/>. Acesso em: 25 nov. 2020.

AZUL. **Sobre a Azul**. História e origem. Disponível em: <https://www.voeazul.com.br/conheca-a-azul/sobre-azul>. Acesso em: 18 abr. 2022.

BARTHOLO, R.; SANSOLO, D. G.; BURSZTYN, I. **Turismo de base comunitária**: diversidade de olhares e experiências brasileiras. Brasília: Letra e Imagem, 2009.

BENI, M. C. Turismo: da economia de serviços à economia da experiência. **Turismo: Visão e Ação**, v. 6, n. 3, p. 295-306, 2004. Disponível em: <https://www6.univali.br/seer/index.php/rtva/article/view/1063/872>. Acesso em: 1º mar. 2022.

BERRY, L. L. Relationship marketing. In: BERRY, L. L.; SHOSTOCK, G. L.; UPAH, G. D. (Ed.). **Emerging perspectives on services marketing**. Chicago: American Marketing Association, 1983. p. 25-28.

BOUÇAS, C. Azul é eleita melhor aérea do mundo em premiação do TripAdvisor. **Valor Econômico**, 28 jul. 2020. Disponível em: <https://valor.globo.com/empresas/noticia/2020/07/28/azul-e-eleita-melhor-aerea-do-mundo-em-premiacao-do-tripadvisor.ghtml>. Acesso em: 18 abr. 2022.

BRASIL. Ministério da Economia. **A importância do setor terciário para a economia**. 2 jun. 2020. Disponível em: <https://www.gov.br/produtividade-e-comercio-exterior/pt-br/assuntos/comercio-e-servicos/a-secretaria-de-comercio-e-servicos-scs/programas-e-acoes-scs>. Acesso em: 18 abr. 2022.

BRASIL. Ministério do Turismo. **Hospitalidade do brasileiro é destaque na avaliação dos turistas internacionais**. 18 nov. 2015. Disponível em: <https://www.gov.br/turismo/pt-br/assuntos/noticias/lazer-e-a-principal-motivacao-do-estrangeiro-que-visita-o-brasilc-revela-estudo#:~:text=Hospitalidade%20do%20brasileiro%20%C3%A9%20destaque%20na%20avalia%C3%A7%C3%A3o%20dos%20turistas%20internacionais,-Boa%20recep%C3%A7%C3%A3o%20no&text=O%20Minist%C3%A9rio%20do%20Turismo%20divulga,que%20teve%20in%C3%ADcio%20em%202008.l>. Acesso em: 19 abr. 2022.

BROTHERTON, B.; WOOD, R. C. Hospitalidade e administração da hospitalidade. In: LASHLEY, C.; MORRISON, A. (Ed.). **Em busca da hospitalidade**: perspectivas para um mundo globalizado. Barueri: Manole, 2004. p. 191-221.

CAMARGO, L. O. de L. Os interstícios da hospitalidade. **Revista Hospitalidade**, São Paulo, v. XII, número especial, p. 42-69, maio 2015. Disponível em: <https://www.revhosp.org/hospitalidade/article/view/574/643>. Acesso em: 18 abr. 2022.

CAMARGO, L. O. L. **Hospitalidade**. São Paulo: ABC do Turismo, 2004.

CAMARGO, L. O. L. O estudo da hospitalidade. In: MONTANDON, A. (Ed.). **O livro da hospitalidade**: acolhida do estrangeiro na história e nas culturas. São Paulo: Senac, 2011. p. 13-30.

CASTELLI, G. **Gestão hoteleira**. 2. ed. São Paulo: Saraiva, 2016.

CHIAVENATO, I. **Gerenciando pessoas**. São Paulo: M. Books, 1999.

CHIAVENATO, I. **Gestão de pessoas**: o novo papel da gestão do talento humano. São Paulo: Atlas, 2020.

CORREIA, F.; GIMBA, R. Vantagem competitiva: revisitando as idéias de Michael Porter. **Administradores**, 14 dez. 2009. Disponível em: <https://administradores.com.br/artigos/vantagem-competitiva-revisitando-as-ideias-de-michael-porter>. Acesso em: 18 abr. 2022.

CORIOLANO, L. N. M. T. (Ed.). **Arranjos produtivos locais do turismo comunitário**: atores e cenários em mudança. Fortaleza: EdUECE, 2009.

CORRÊA, H. L.; GIANESI, I. G. N. **Administração estratégica de serviços**: operações para a satisfação do cliente. São Paulo: Atlas, 2019.

CUPERSCHMID, A. R. M.; FREITAS, M. R. de. Possibilidades de uso de realidade aumentada móvel para AEC. In: SIMPÓSIO BRASILEIRO DE QUALIDADE DO PROJETO NO AMBIENTE CONSTRUÍDO, 3.; ENCONTRO DE TECNOLOGIA DE INFORMAÇÃO E COMUNICAÇÃO NA CONSTRUÇÃO, 6., 2013, Campinas. Disponível em: <https://www.researchgate.net/publication/273143784_Possibilidades_de_uso_de_Realidade_Aumentada_Movel_para_AEC>. Acesso em: 19 abr. 2022.

CVC BRASIL. **Linha do tempo**. Disponível em: <https://www.cvc.com.br/institucional/sobre-a-cvc-nossa-historia>. Acesso em: 18 abr. 2022a.

CVC BRASIL. **Nossos prêmios**. Disponível em: <https://www.cvc.com.br/institucional/sobre-a-cvc-nossos-premios>. Acesso em: 18 abr. 2022b.

DERRIDA, J. The Principle of Hospitality. **Parallax**, v. 11, n. 1, p. 6-9, 2006.

DISNEY CRUISE LINE. **Disney Cruise Line Destinations**. Disponível em: <https://disneycruise.disney.go.com/cruises-destinations/itineraries/>. Acesso em: 19 abr. 2022a.

DISNEY CRUISE LINE. **Disney Cruise Line Fleet**. Disponível em: <https://disneycruise.disney.go.com/ships/>. Acesso em: 19 abr. 2022b.

FARIA, L. H. L. et al. 20 anos de publicações sobre marketing de relacionamento no Brasil: uma análise da produção acadêmica de 1992 a 2012. **Revista Brasileira de Marketing**, v. 13, n. 1, p. 106-118, jan./mar. 2014. Disponível em: <https://periodicos.uninove.br/remark/article/view/12026/5654>. Acesso em: 19 abr. 2022.

FITZSIMMONS, M.; FITZSIMMONS, J. **Administração de serviços**: operações, estratégia e tecnologia da informação. Porto Alegre: Bookman, 2014.

FREEMAN, R. E. **Strategic management**: a stakeholder approach. Minnesota: Pitman, 1984.

GABRIEL, M.; KISO, R. **Marketing na era digital**: conceitos, plataformas e estratégias. 2. ed. São Paulo: Atlas, 2020.

GILMORE, J. H.; PINE, B. J. Differentiationg Hospitality Operations Via Experiences: why Selling Services is not enough. **Cornell Hotel and Restaurant Administration Quaterly**, p. 87-96, 2002.

GODOY, K. E.; VIDAL, L. S.; MEES, L. A. L. Souvenirs de museus: consumos, experiências, repetições e diferenças nas lembranças dos turistas. **Revista Iberoamericana de Turismo**, Penedo, v. 9, p. 21-34, mar. 2019. Disponível em: <https://www.seer.ufal.br/index.php/ritur/article/view/7088/5211>. Acesso em: 19 abr. 2022.

GONDIM, S. M. G.; SIQUEIRA, M. M. M. Emoções e afetos no trabalho. In: ZANELLI, J. C.; BORGES-ANDRADE, J. E.; BASTOS, A. V. B. (Ed.). **Psicologia, organização e trabalho no Brasil**. Porto Alegre: Artmed, 2014. p. 285-315.

GOTMAN, A. Marcel Mauss: uma estação sagrada da vida social. In: MONTANDON, A. (Ed.). **O livro da hospitalidade**: acolhida do estrangeiro na história e nas culturas. São Paulo: Senac, 2011. p. 73-82.

GOTMAN, A. O comércio da hospitalidade é possível? **Revista Hospitalidade**, São Paulo, v. VI, n. 2, p. 3-27, dez. 2009. Disponível em: <https://www.revhosp.org/hospitalidade/article/view/311/299>. Acesso em: 18 abr. 2022.

GRASSI, M. Hospitalidade: transpor a soleira. In: MONTANDON, A. (Ed.). **O livro da hospitalidade**: acolhida do estrangeiro na história e nas culturas. São Paulo: Senac, 2011. p. 45-54.

GRINOVER, L. A hospitalidade na perspectiva do espaço urbano. **Revista Hospitalidade**, São Paulo, v. 1, n. VI, p. 4-16, jun. 2009. Disponível em: <https://www.revhosp.org/hospitalidade/article/view/214/284>. Acesso em: 18 abr. 2022.

GRONROOS, C. **Marketing**: gerenciamento e serviços. Rio de Janeiro: Elsevier, 2009.

GRUPO FLEURY. **Diálogos com públicos de interesse.** Disponível em: <http://www.grupofleury.com.br/SitePages/sustentabilidade/dialogos-com-publicos-de-interesse.aspx#conteudo>. Acesso em: 18 abr. 2022.

GRUPO FLEURY. **Fleury é eleita a empresa mais hospitaleira do Brasil.** 28 mar. 2019. Disponível em: <http://www.grupofleury.com.br/SitePages/noticia.aspx?n=181>. Acesso em: 18 abr. 2022.

GUILE, B. R.; QUINN, J. B. **Technology in Services**: Policies for Growth, Trade, and Employment. Washington: National Academy Press, 1988.

HORODYSKI, G. S.; MANOSSO, F. C.; GÂNDARA, J. M. G. O consumo de *souvenirs* e a experiência turística em Curitiba (PR). **Caderno Virtual de Turismo**, Rio de janeiro, v. 12, n. 3, p. 323-342, dez. 2012. Disponível em: <http://www.ivt.coppe.ufrj.br/caderno/index.php/caderno/article/view/693/338>. Acesso em: 19 abr. 2022.

HOSTELLING INTERNATIONAL. **Perguntas frequentes do albergue**. Disponível em: <https://www.hihostels.com/pt/pages/469#one>. Acesso em: 18 abr. 2022.

IBHE – Instituto Brasileiro de Hospitalidade Empresarial. **Fleury é eleita a empresa mais hospitaleira do Brasil**. 26 mar. 2019. Disponível em: <https://ibhe.com.br/publicacoes/2019/03/fleury-e-eleita-a-empresa-mais-hospitaleira-do-brasil/>. Acesso em: 18 abr. 2022.

INSTITUTO MARCA BRASIL. SEBRAE – Serviço Brasileiro de Apoio às Micro e Pequenas Empresas. Ministério do Turismo. Tour da experiência: cartilha completa. Brasília, 2010a.

INSTITUTO MARCA BRASIL. SEBRAE – Serviço Brasileiro de Apoio às Micro e Pequenas Empresas . Ministério do Turismo. Tour da experiências: estudo de casos. Brasília, 2010b.

JENSEN, R. **The Dream Society**: How the Coming Shift from Information to Imagination will Transform your Business. New York: McGraw-Hill, 1999.

JUNQUEIRA, R. R.; WADA, E. K. A hospitalidade enquanto competência essencial na gestão do relacionamento com o cliente. In: SEMINÁRIO DA ASSOCIAÇÃO BRASILEIRA DE PESQUISA E PÓS-GRADUAÇÃO EM TURISMO, 7., 2010, São Paulo. Disponível em: <https://www.anptur.org.br/anais/anais/files/7/13.pdf>. Acesso em: 18 abr. 2022.

KAPERAVICZUS, A. F.; CAVENAGHI, A. J.; OLIVEIRA, P. S. G. Modelo para aferir a hospitalidade a bordo das aeronaves do transporte aéreo doméstico brasileiro. **Revista Brasileira de Pesquisa em Turismo**, v. 14, n. 2, p. 64-82, 2020. Disponível em: <https://www.scielo.br/j/rbtur/a/chqdVdCvm7CL7FZ8hcqqkXq/?format=pdf&lang=pt>. Acesso em: 18 abr. 2022

KIM, W. C.; MAUBORGNE, R. **A estratégia do oceano azul:** como criar novos mercados e tornar a concorrência irrelevante. Rio de Janeiro: Elsevier, 2005.

KOTLER, P.; KARTAJAYA, H.; SETIAWAN, I. **Marketing 3.0:** as forças que estão definindo o novo marketing centrado no ser humano. Rio de Janeiro: Elsevier, 2010.

KOTLER, P.; KARTAJAYA, H.; SETIAWAN, I. **Marketing 4.0:** do tradicional ao digital. São Paulo: Sextante, 2017.

LASHLEY, C. Hospitality and Hospitableness. **Research in Hospitality Management**, v. 5, n. 1, p. 1-7, 2015. Disponível em: <https://www.tandfonline.com/doi/pdf/10.1080/22243534.2015.11828322>. Acesso em: 18 abr. 2022.

LASHLEY, C. Marketing Hospitality and Tourism Experiences. In: OH, H.; PIZA, A. (Ed.). **Handbook of Hospitality Marketing Management**. Oxford: Elsevier, 2008. p. 3-31.

LASHLEY, C. Para um entendimento teórico. In: LASHLEY, C.; MORRISON, A. (Ed.). **Em busca da hospitalidade:** perspectivas para um mundo globalizado. Barueri: Manole, 2004. p. 1-24.

LASHLEY, C. Towards a Theoretical Understanding. In: LASHLEY, C.; MORRISON, A. (Ed.). **In Search of Hospitality:** Theoretical Perspectives and Debates. Oxford: Butterworth-Heinemann, 2000. p. 1-17.

LASHLEY, C.; LYNCH, P.; MORRISON, A. **Hospitality:** a social lens. Oxford: Elsevier, 2007.

LOBO, Y. S.; OLIVEIRA, S. C. L.; GUIZI, A. A. Os hostels e a nova dinâmica espacial do turismo e da sociabilidade jovem em Curitiba. **Revista Ateliê do Turismo**, Campo Grande, v. 1, n. 1, p. 45-63, ago./dez. 2017. Disponível em: <https://periodicos.ufms.br/index.php/adturismo/article/view/5219/pdf_2>. Acesso em: 18 abr. 2022.

LOCKWOOD, A.; JONES, P. Administração das operações de hospitalidade. In: LASHLEY, C.; MORRISON, A. (Ed.). **Em busca da hospitalidade**: perspectivas para um mundo globalizado. São Paulo: Manole, 2004. p. 223-249.

LOVELOCK, C.; WIRTZ, J.; HEMZO, M. A. **Marketing de serviços**: pessoas, tecnologia e estratégia. 7. ed. São Paulo: Pearson Prentice Hall, 2011.

LUGOSI, P. The Production of Hospitable Space: Commercial Propositions and Consumer Co-Creation in a Bar Operation. **Space and Culture**, v. 12, n. 4, p. 396-411, Dec. 2009. Disponível em: <https://www.researchgate.net/publication/228674372_The_Production_of_Hospitable_Space_Commercial_Propositions_and_Consumer_Co-Creation_in_a_Bar_Operation>. Acesso em: 18 abr. 2022.

MALHOTRA, N. **Planos de marketing**: um guia prático. São Paulo: Saraiva, 2013.

MARTIN, V.; LISBOA, R. **Eventos digitais**: híbridos & virtuais. São Paulo: Midiacode, 2020.

MAUSS, M. **Sociologia e antropologia**. São Paulo: Edusp, 1974.

MELO, S. **Clube de assinatura**: como ser pago para presentear seus clientes. 2013. Disponível em: <https://klickpages.com.br/blog/clube-de-assinatura/>. Acesso em: 19 abr. 2022.

MENEGHETTI, L. Os muitos destinos da CVC. **Isto é Dinheiro**, mar. 2019.

MILON, A. Metrô: uma trans-hospitalidade. In: MONTANDON, A. (Ed.). **O livro da hospitalidade**: acolhida do estrangeiro na história e nas culturas. São Paulo: Senac, 2011. p. 509-529.

MONDO, T. S. **Tourqual**: gestão da qualidade em destinos e equipamentos turísticos. Jundiaí: Paco, 2019.

MONTANDON, A. **O livro da hospitalidade**: acolhida do estrangeiro na história e nas culturas. São Paulo: Senac, 2011.

MORAES, T. A.; ABREU, N. R. Tribos de consumo: representações sociais em uma comunidade virtual de marca. **Revista Organizações & Sociedade**, Salvador, v. 24, n. 81, p. 325-342, abr./jun. 2017. Disponível em: <https://www.scielo.br/j/osoc/a/GBbGV7YgKyvFtXpCspRpcmt/?format=pdf&lang=pt>. Acesso em: 19 abr. 2022.

MORAL, M. M.; ALLES, M. T. F. Nuevas tendencias del marketing: el marketing experiencial. **Entelequia: Revista Interdisciplinar**, v. 14, p. 237-252, 2012. Disponível em: <https://www.researchgate.net/publication/243963003_Nuevas_tendencias_del_marketing_El_marketing_experiencial>. Acesso em: 19 abr. 2022.

MORI, M. Como os Madalosso construíram um império gastronômico com 15 restaurantes, bares e padaria. **Gazeta do Povo**, 9 abr. 2019. Disponível em: <https://www.gazetadopovo.com.br/bomgourmet/restaurantes/historia-madalosso-curitiba/>. Acesso em: 19 abr. 2022.

MULINS, L. J. **Gestão da hospitalidade e comportamento organizacional**. 4. ed. São Paulo: Bookman, 2004.

NOUWEN, H. **Reaching out**: The Three Movements of the Spiritual Life. New York: Doubleday & Co., 1975.

PALLANT, C. **Demystifying Disney**: a history of Disney Feature Animation. New York: The Continuum Internacional Publishing Group, 2011.

PANOSSO NETTO, A.; GAETA, C. **Turismo de experiências**. São Paulo: Senac, 2010.

PAULA, T. M.; MECCA, M. S. Significados do *souvenir* turístico atribuído pelos turistas do passeio de trem "Maria Fumaça", Estação de Bento Gonçalves/RS. Turismo: Visão e Ação, v. 18, n. 2, p. 378-404, 2016. Disponível em: <https://siaiap32.univali.br/seer/index.php/rtva/article/view/8872/4957>. Acesso em: 1º mar. 2022.

PEREIRA, E. **Marketing de relacionamento**: solução para fidelização dos clientes, colaboradores e fornecedores. Trabalho de Conclusão de Curso (Bacharelado em Administração) – Instituto Municipal de Ensino Superior de Assis; Fundação Educacional do Município de Assis, Assis, 2013. Disponível em: <https://cepein.femanet.com.br/BDigital/arqTccs/1011260168.pdf>. Acesso em: 19 abr. 2022.

PERROT, D. Dádiva: hospitalidade e reciprocidade. In: MONTANDON, A. (Ed.). **O livro da hospitalidade**: acolhida do estrangeiro na história e nas culturas. São Paulo: Senac, 2011. p. 63-72.

PINE, B. J.; GILMORE, J. H. The Experience Economy: Past, Present and Future. In: SUNDBO, J.; SØRENSEN, F. (Ed.). **Handbook on the Experience Economy**. Cheltenham: Edward Elgar, 2013. p. 21-44.

PINE, B. J.; GILMORE, J. H. **The Experience Economy**: Work is Theatre & Every Business a Stage. Boston: Harvard Business Scholl Press, 1999.

PORTER, M. **Competitive Advantage**: Creating and Sustaining Superior Performance. New York: Free Press, 1985.

PRAHALAD, C. K.; RAMASWAMY, V. **O futuro da competição**: como desenvolver diferenciais inovadores em parceria com clientes. Rio de Janeiro: Elsevier, 2004.

PULIZZI, J. The Rise of Storytelling as the New Marketing. **Publishing Research Quarterly**, v. 28, p. 116-123, 2012.

QUADROS, A. H. de. A hospitalidade e o diferencial competitivo. **Revista Hospitalidade**, São Paulo, v. VIII, n. 1, jun. 2011. Disponível em: <https://www.revhosp.org/hospitalidade/article/view/346/446>. Acesso em: 18 abr. 2022.

REED, J. **Marketing on-line**: como usar sites, blogs, redes sociais e muito mais. São Paulo: Lafonte, 2012.

RESTAURANTE MADALOSSO. **Conheça o Madalosso**. 2018. Disponível em: <https://www.restaurantemadalosso.com.br/index.php/historia>. Acesso em: 3 out. 2020.

ROCHA, T.; GOLDSCHMIDT, A. **Gestão dos stakeholders**: como gerenciar o relacionamento e a comunicação entre a empresa e seus públicos de interesse. São Paulo: Saraiva, 2010.

RODRIGUES, J. **Marketing de relacionamento**: tudo o que você precisa saber para vender mais e fidelizar seus clientes. Disponível em: <https://resultadosdigitais.com.br/blog/o-que-e-marketing-de-relacionamento/>. Acesso em: 19 abr. 2022.

SANTOS, V. S. **Cinco sentidos.** Disponível em: <https://www.biologianet.com/anatomia-fisiologia-animal/cinco-sentidos.htm>. Acesso em: 19 abr. 2022.

SCHEIN, E. **Organizational Culture and Leadership.** San Francisco: Jossey-Bass, 1992.

SELWYN, T. An anthropology of hospitality. In: LASHLEY, C.; MORRISON, A. (Ed.). **In Search of Hospitality**: Theoretical Perspectives and Debates. Oxford: Butterworth-Heinemann, 2000. p. 18-37.

SELWYN, T. Uma antropologia da hospitalidade. In: LASHLEY, C.; MORRISON, A. (Ed.). **Em busca da hospitalidade**: perspectivas para um mundo globalizado. Barueri: Manole, 2004. p. 25-52.

SILVA, M. B. R. O evento como estratégia na comunicação das organizações: modelo de planejamento e organização. In: CONGRESSO BRASILEIRO DE CIÊNCIAS DA COMUNICAÇÃO, 30., 2007, Londrina.

SOARES, F. R.; MONTEIRO, P. R. R. Marketing digital e marketing de relacionamento: interação e engajamento como determinantes do crescimento de páginas do Facebook. **Navus: Revista de Gestão e Tecnologia**, Florianópolis, v. 5, n. 3, p. 42-59, jul./set. 2015. Disponível em: <https://www.researchgate.net/publication/307706535_Marketing_digital_e_marketing_de_relacionamento_interacao_e_engajamento_como_determinantes_do_crescimento_de_paginas_do_Facebook>. Acesso em: 19 abr. 2022.

SOLOMON, M. R. **O comportamento do consumidor**: comprando, possuindo e sendo. 11. ed. Porto Alegre: Bookman, 2016.

SPENCE, C. Comfort Food: a Review. **International Journal of Gastronomy and Food Science**, v. 9, p. 105-109, 2017.

SPIES, R. F. Marketing de experiência: as experiências do consumidor como estratégia para os negócios. **Revista de Administração Dom Alberto**, v. 3, n. 1, p. 64-85, jun. 2016. Disponível em: <https://domalberto.edu.br/wp-content/uploads/sites/4/2017/05/MarketingdeExperinciaAsExperinciasdoConsumidorcomoEstratgiaparaosNegcios.pdf>. Acesso em: 19 abr. 2022.

STARBUCKS. **Sobre a Starbucks**. Disponível em: <https://starbucks.com.br/sobre>. Acesso em: 19 abr. 2022.

TELFER, E. A filosofia da "hospitabilidade". In: LASHLEY, C.; MORRISON, A. (Ed.). **Em busca da hospitalidade:** perspectivas para um mundo globalizado. Barueri: Manole, 2004. p. 53-78.

TENG, C. C. Commercial Hospitality in Restaurants and Tourist Accommodation: Perspectives from International Consumer Experience in Scotland. **International Journal of Hospitality Management**, v. 30, n. 4, p. 866-874, 2011.

THE WALT DISNEY COMPANY. **About The Walt Disney Company**. Disponível em: <https://thewaltdisneycompany.com/about/>. Acesso em: 1º mar. 2022.

TIDEMAN, M. C. External Influences on the Hospitality Industry. In: CASEE, E. H.; REULAND, R. (Ed.). **The management of hospitality**. Oxford: Pergamon, 1983. p. 1-24.

TOMANARI, S. Segmentação de mercado com enfoque em valores e estilo de vida (segmentação psicográfica): um estudo exploratório. Dissertação (Mestrado em Ciências da Comunicação) – Escola de Comunicação e Artes, Universidade de São Paulo, São Paulo, 2003. Disponível em: <https://teses.usp.br/teses/disponiveis/27/27148/tde-20082004-142810/publico/segmentacaopsicograficaSilviaTomanari3.pdf>. Acesso em: 19 abr. 2022.

TOMILLO NOGUERO, F. A hospitalidade na Bíblia e nas grandes religiões. São Paulo: Ideias & Letras, 2019.

TOMILLO NOGUERO, F. La hospitalidad como condición necesaria para el desarrollo local. Revista Hospitalidade, São Paulo, v. X, n. 2, 2013. Disponível em: <https://www.revhosp.org/hospitalidade/article/view/530/541>. Acesso em: 18 abr. 2022.

TRIPADVISOR. Azul. Disponível em: <https://www.tripadvisor.com/Airline_Review-d8728972-Reviews-Azul>. Acesso em: 18 abr. 2022a.

TRIPADVISOR. Travers' Choice 2020: Top 10 airlines – World. Disponível em: <https://www.tripadvisor.com/TravelersChoice-Airlines> Acesso em: 18 abr. 2022b.

TWITTER. Affinity Groups and Business Resource Groups. Disponível em: <https://about.twitter.com/content/dam/about-twitter/company/culture/AffinityGroupsBusinessResourceGroups.pdf>. Acesso em: 13 jul. 2020a.

TWITTER. Nossa cultura: Eu. Nós. Todos juntos. O mundo. #GrowTogether. Disponível em: <https://about.twitter.com/pt/company/our-culture.html>. Acesso em: 13 jul. 2020b.

VAN RIEL, C. B. M. **Reputação**: o valor estratégico do engajamento com stakeholders. Rio de Janeiro: Elsevier, 2013.

WADA, E. K. Omotenashi: tradição de hospitalidade a serviço da competitividade. In: SEMINÁRIO DA ASSOCIAÇÃO BRASILEIRA DE PESQUISA E PÓS-GRADUAÇÃO EM TURISMO, 12., 2015, São Paulo. Disponível em: <https://www.anptur.org.br/anais/anais/files/12/71.pdf>. Acesso em: 18 abr. 2022.

WALT DISNEY WORLD. Disponível em: <https://disneyworld.disney.go.com/>. Acesso em: 1º mar. 2022.

WOODRUFF, R. B. Customer Value: the Next Source for Competitive Advantage. **Journal of the Academy of Marketing Science**, v. 25, n. 2, p. 139-154, 1997.

YANAZE, M. H. **Gestão de marketing e comunicação**: avanços e aplicações. São Paulo: Saraiva, 2006.

ZEITHAML, V.; BITNER, M. J. **Marketing de serviços**. Porto Alegre: Bookman, 2003.

ZURAWICKI, L. **Neuromarketing**: Exploring the Brain of the Consumer. New York: Springer, 2010.

Sobre o autor

Alan Aparecido Guizi é doutorando em Turismo pela Universidade de Aveiro, em Portugal; mestre em hospitalidade e turismólogo pela Universidade Anhembi Morumbi, de São Paulo; e especialista em Gestão Estratégica de Marketing e Vendas pela Fundação Escola de Comercio Álvares Penteado, da mesma cidade.

Exerce o cargo de docente nos cursos de Turismo e Hotelaria da Universidade Anhembi Morumbi e tem 15 anos de experiência no turismo e em serviços turísticos, atuando com agenciamento de viagens, receptivo turístico, planejamento de serviços turísticos e pesquisa científica nos campos da hospitalidade, do *marketing*, da competitividade em serviços e do turismo urbano.

Publicou diversos artigos na mídia, em congressos e em revistas científicas no Brasil e no exterior.

Para saber mais, acesse o currículo Lattes do autor: <http://lattes.cnpq.br/0290102758341785>.

Impressão:
Maio/2022